本书得到广东省哲学社会科学"十二五"规划项目"产业结构服务化与经济增长——以中国经济发达地区为例"(批准号：GD14YYJ05）的资助。

产业结构服务化转型背景下我国经济增长的新旧动能转换研究

张媛媛 著

中国财经出版传媒集团
中国财政经济出版社

图书在版编目（CIP）数据

产业结构服务化转型背景下我国经济增长的新旧动能转换研究 / 张媛媛著. --北京：中国财政经济出版社，2020.1

ISBN 978-7-5095-9523-7

Ⅰ.①产⋯　Ⅱ.①张⋯　Ⅲ.①中国经济－经济结构调整－研究　Ⅳ.①F121

中国版本图书馆 CIP 数据核字（2020）第 001568 号

责任编辑：郁东敏　　　　　　　责任校对：李　丽
封面设计：陈宇琰

产业结构服务化转型背景下我国经济增长的新旧动能转换研究
CHANYE JIEGOU FUWUHUA ZHUANXING BEIJING XIA WOGUO JINGJI ZENGZHANG
DE XINJIU DONGNENG ZHUANHUAN YANJIU

中国财政经济出版社 出版

URL：http://www.cfeph.cn
E-mail：cfeph@cfeph.cn
（版权所有　翻印必究）
社址：北京市海淀区阜成路甲 28 号　邮政编码：100142
营销中心电话：010-88191537
北京财经印刷厂印刷　各地新华书店经销
787×1092 毫米　16 开　10.5 印张　101 000 字
2020 年 4 月第 1 版　2020 年 4 月北京第 1 次印刷
定价：42.00 元
ISBN 978-7-5095-9523-7
（图书出现印装问题，本社负责调换）
本社质量投诉电话：010-88190744
打击盗版举报热线：010-88191661　QQ：2242791300

目录

前言 …………………………………………………………… 1

第一章 服务经济的基本特征与产业结构演进 ……………… 9
  第一节 服务化社会的内涵 ……………………………… 11
  第二节 服务经济的基本特征 …………………………… 15
  第三节 服务经济的产业结构特征 ……………………… 19
  本章小结 …………………………………………………… 22

第二章 服务经济下经济增长的动力机制：比较分析的中观产业视角 ……………………………………………… 23
  第一节 文献回顾 ………………………………………… 26
  第二节 工业与服务业促进经济增长的作用机理 ……… 33
  第三节 服务经济下服务业内部结构变动对经济增长的拉动作用 ……………………………………… 39
  第四节 基于服务业新动能的经济增长变化趋势的理论预测 ……………………………………… 43

本章小结………………………………………… 47

第三章 产业结构转型背景下经济增长的趋势特点与原因解析：国际经验证据………………………………… 49

 第一节 产业结构服务化下经济增长的变化趋势：基于多国经验证据……………………………… 51

 第二节 产业结构服务化下经济增长趋势的原因解析……………………………………………… 58

 本章小结………………………………………… 65

第四章 产业结构转型背景下我国新旧动能转换的关键因素：基于产品内分工深化的视角………………… 67

 第一节 中国未来经济增长动能的理论探索………… 69

 第二节 改革开放以来中国的外向型工业化进程与产业结构的演进特点……………………… 78

 第三节 产品内分工的深化对我国产业结构的"锁定效应"………………………………… 86

 第四节 产业结构"锁定效应"下我国新旧动能的转换……………………………………………… 95

 本章小结………………………………………… 101

第五章 产业结构转型背景下我国经济增长新动能的培育与发展 ·········· 103
   第一节 我国生产性服务业的新动能培育与发展 ··· 106
   第二节 我国生活性服务业的新动能培育与发展 ··· 110
   第三节 我国公共服务业的新动能培育与发展 ······ 111
   第四节 我国先进制造业的新动能培育与发展 ······ 111
   本章小结 ··· 113

结语 ··· 115

参考文献 ··· 127

前　言

2019年7月15日，国家统计局公布2019年上半年我国国内生产总值450 933亿元，同比增长6.3%。自2008年国际金融危机以来，我国经济逐渐步入新常态，经济增速没有延续两位数的增长态势，特别是2012年以来，经济增速一直未能超越8%，且连年持续下降至6%左右。尽管GDP增速仅是整体经济概况的一个重要表征，但其数值和变化趋势却影响着人们对经济未来可持续发展的预期，特别是在当前全球经济复苏乏力和深刻变革的背景下，更容易引发人们对经济发展前景的担忧。那么，中国未来经济增长的趋势如何，是继续下行，还是能够持续平稳发展？在产业结构向服务化转型的背景下，经济增长的原动力是否足以支撑和促进未来经济的可持续发展？要回答这些问题，首先应当明确当今中国所处的国际、国内环境，以及中国目前经济发展的阶段特征。

国际金融危机之后，全球经济进入再平衡的深度调整期和低速增长期。世界市场需求疲软，低迷不振，贸易保护主义抬头，国际的贸易摩擦开始加剧。外向型经济体的发展所依赖的外部市场受到冲击，对外贸易出现下滑趋势，导致经济体内部与出口相关的产业遭受重创，甚至萎缩，从而影响经济体内部的产业结构布局。中国作为世界第二大经济体、第一大的出口国和第二大进口国，在国际金融危机后，面临着外部市场需求减弱的巨大压力，国内出口行业相关的企业出现减产、倒闭或无限期放假等，倒逼外向型发展模式下形成的"低水平"工业化产业结构进行转型升级。

从国内环境来看，改革开放40多年来，我国的要素禀赋结构发生了很大变化。外向型经济发展模式所依赖的低成本、低水平的要素禀赋正在受到劳动力、土地、环境规制等成本不断上扬的挑战。首先，我国享受数十年的"人口红利"正在逐渐消失，劳动力成本正在逐年上升。"刘易斯拐点"的到来将改变我国劳动力长期无限供给和价格低廉的状况，加之新生代农民工对职业发展空间和社会权益保障的强烈诉求，也会进一步推高我国的劳动力成本。其次，土地价格特别是沿海地区的土地价格节节攀升，加剧了外向型企业的成本负担，进一步减弱了我国传统的低要素成本比较优势。最后，资源紧缺与环境破坏等问题造成原材料成本增加，同时对节能环保提出了更高的要求，提高了环境规制的门槛。国内要素禀赋结构的变化，导致企业生产成本大幅增加，出口导向模式长久以来依靠的低成本比较优势将会逐渐衰退，以制造业为主导的外向型经济将面临未来可持续性的挑战。

从发展阶段来看，学界目前普遍认为，我国已经处于工业化中期或中后期阶段，未来将会逐步向服务化转型升级。随着我国工业化进程的加速，社会生产力水平总体上显著提高，社会生产能力在很多方面进入世界前列，社会需求的层级和水平不断提高，即已经由追求数量增加到注重质量提升，由满足基本生存的物质需要转向追求更高生活品质的非物质需要。正如党的十九大报告所指出："我国特色社会主义进入新时代，社会主要矛盾已经转化为人民日益增长的美好生活需要和不平衡不充分的发展之间的矛盾。"社会需求的变化,引导经济增长的内涵与模式发生改变,同时也对社会供给提出了更高的要求。因此,原有的经济增长方式是否还适用于满足我国新的、更高水平的社会需求,原有的经济增长动力是否还足以继续支撑我国未来经济的可持续发展,都是值得深入思考和商榷的重点问题。

另外,在当今世界,科学的发展日新月异,新技术应用的广度和深度早已超过历史其他时期,互联网的兴起,大数据、人工智能等新技术的应用,使得网络经济和智慧经济成为新时代全球经济博弈的关键力量。可以预期,这些新科技的诞生与广泛应用必将对我国经济增长方式、动力和发展趋势的变化产生重要影响。

综上所述,我国经济增长面临着国外需求疲软和国内要素成本上升的双重挑战以及产业结构向服务化转型的压力。新时代下,经济增长的内涵与方式都产生了新的变化,以低成本要素禀赋为比较优势的外向型经济增长模式将难以为继。未来经济的可持续发展需要新的动能支持,尤其是在目前经济持续下行的趋势下,新旧动能之间的顺利转换与新动能的培育壮大显得更加重要。

基于上述分析,本书以2008年国际金融危机之后全球经济进入深度再调整和低速增长期为时代条件,以中国经济新常态和经济结构向服务化转型升级为现实背景,立足于我国经济增长所依赖的传统的"低成本"要素禀赋不断变化和社会需求层级从数量到质量逐渐提升的客观实际,重点研究我国经济结构在从工业化向服务化转型升级的过程中，经济增长的主导产业更替和新旧动能转换，以及新动能的培养壮大等问题，特别是解析新常态下经济增长的特点及趋势变化对新动能的要求，讨论新旧动能之间实现平稳顺利转换的关键因素，以及探索促进新动能发展提升的经济条件与政策导向等重要问题，以期对促进我国经济实现增速换档和长期持续健康发展提供一种研究思路和一定的决策参考。

本书的具体安排是：

前言，主要内容是分析当今中国所面临的国内外形势与自身发展阶段等背景内容和客观实际，并对全书主旨做出概述。

第一章，主要分析服务经济作为工业经济之后的非物质经济形态，与物质形态经济（工业经济和农业经济）有何区别，得出服务经济的基本特征及其产业结构的演进趋势等，奠定了本书的理论基础。

第二章，以服务经济基本特征为基础，在中观层面通过比较工业经济与服务经济下经济增长的主导产业及其拉动作用的差异，探讨服务业取代工业对经济增长的拉动机制有何变化，从而搭起本书的理论分析框架。

第三章，选择当今世界成功向服务经济转型的国家和地区，观察他们在产业结构由工业化向服务化转型过程中经济增长的特点、趋势及背后深层次的动因，为第二章的理论分析提供国际经验证据。

第四章，立足我国当前实际，从国际分工深化的视角出发，分析主导产业更替和新旧动能转换能否顺利进行的关键因素，以及新旧动能转换对经济增长的影响等内容。

第五章，主要讨论我国经济长期可持续增长的新动能如何培育壮大的问题，重点将放在服务业的各细分产业如何在当今网络经济和大数据应用等新经济特征下推动未来经济增长等问题上。

结语部分，综述全书内容，既包括理论分析，也包括实际经验证据，同时对未来的研究方向进行展望。

第一章

服务经济的基本特征与产业结构演进

第一节 服务化社会的内涵

始于18世纪的工业革命引领人类进入了工业文明时代,人类社会也由此从农业社会迈入了生产力高度发达的工业社会。两百多年以来,工业社会创造了巨大的物质财富,世界上许多经济体通过工业化摆脱了贫困,促进了经济增长。工业社会的不断进步与工业文明的高度发达使经济、社会都在发生着深刻的变革。至20世纪60年代,人类社会出现了难以解释的社会现象与发展趋势——服务业在经济中的重要性与日俱增,而商品生产在就业总量中的重要性却不断降低;以计算机为基础的自动化时代的到来;男性统治的衰落和线性职业生涯的解体(布洛克,2010)。这些趋势彻底改变了长久以来被确认是对于工业社会所必不可少的模式。于是,从工业社会这个概念不再能够适当地解释当今社会发展现实的时期开始,人们逐渐认识和讨论"服务化社会"的来临。

服务化社会也可以称为后工业社会,成为继工业社会之后的一种新的社会形态。以下文献中的"后工业社会"在本书中视同于"服务化社会"。

1973年，美国著名的社会学家丹尼尔·贝尔（Daniel Bell）在其出版的《后工业社会的来临》一书中系统地阐述了"后工业社会"的思想，并提出了一个引人注意的命题——"在今后30年至50年间，我们将看到我称之为'后工业社会'的出现。"之所以称为"后工业社会"，而不是知识社会或信息社会，那是因为：

"它处于一种巨大的历史变革之中，旧的社会关系（由财产决定的）、现有的权力的结构（集中于少数权贵集团），以及资产阶级的文化（其基础是克制和延迟满足的思想）都正在迅速销蚀。动荡的根源来源于科学和技术方面，也还有文化方面……这种新的社会形式究竟会像个什么样子，现在还不完全清楚。它也不可能具备18世纪中叶到19世纪中叶资本主义文明所具有的那些特点，达到经济制度与特性结构的统一。所以，'后'这个缀语，是要说明生活于间隙时期的感觉。"①

后工业社会（服务化社会）的概念是一个广泛的概括，丹尼尔·贝尔从五个方面或者说五个组成部分来加以说明：

第一，在经济方面，从产品生产经济转变为服务性经济；

第二，在职业分布上，专业与技术人员阶级处于主导地位；

第三，社会的中轴原理②在于理论知识处于中心地位，成为

---

① [美]丹尼尔·贝尔著，高铦等译：《后工业社会的来临——对社会预测的一项探索》，商务印书馆1984年版。

② 布洛克指出，社会可以分为社会结构、政体和文化等三个部分，每个部分都有一个不同的中轴原理起支配作用。在现代西方社会里，社会结构的中轴原理是经济化；现代政体的中轴原理是参与管理；文化的中轴原理是实现自我并加强自我的愿望。

社会革新与制定政策的源泉；

第四，在未来的发展方向上，控制技术发展，对技术进行鉴定；

第五，决策的制定，依赖于创造新的"智能技术"来进行。

其中，后工业社会第一个、最简单的特点，大多数劳动力不再从事农业或制造业，而是从事服务业，如贸易、金融、运输、保健、娱乐、研究、教育和管理。这里的"服务业"并不仅仅是指农业社会中因劳动力便宜和就业不足而从事个人服务的服务业，以及工业社会中为生产提供辅助性劳动的服务业，而是强调另一种类型不同的服务业，即保健、教育和管理。这一类别的服务业增长，"表示一个新的知识界——在大学、研究机构、各种专业以及管理部门的不断扩张"，从而对于后工业社会具有重要的意义。

此外，后工业社会其余几个方面的特征说明：在后工业社会中，科学家和工程师构成社会的关键集团；知识的重要性依然没有改变，而知识本身的性质却发生了变化，那些对组织决策和指导变革具有决定意义的理论知识处于中心地位——"理论与经验相比占首位，而且在知识编纂成抽象符号的系统以后，可以同任何规律体系一样用来说明许多不同领域内的经验"；技术的发展不再像工业社会那样盲目，而是得到了规划和控制；新的"智能技术"能够确定理性的行动并识别实现这种行动的手段，创造这种新的智能技术进行政策制定，目的在于使得"这个巨大的社会'井然有序'"。

继丹尼尔·贝尔提出后工业社会的概念后，海尔布罗纳

(1989)也通过研究分析以服务业为中心的、强化教育的后工业社会,指出社会经济中出现的两个变化趋势:其一也是强调发展和革新相对来说更多地集中服务部门;其二则是随着人口密度的增加、污染的加剧、资源的枯竭而日趋严重的生态平衡问题。如果要对后工业社会下一个基本定义的话,他认为那是一个"处于某个发展阶段的经济体系,在这个阶段,人们逐步地摆脱社会机制的盲目束缚,从而走向危险的但潜藏着自由的境地,在那里不管是好是歹,人类都将最终宣布他们是自己命运的主人"。

伊诺泽姆采夫(2004)着眼于后工业社会各种现象背后的矛盾以及由它们决定的社会发展趋向进行分析,归纳出后工业社会所具有的四个特点:(1)后工业社会的基础是信息经济;(2)非物质因素日益成为后工业社会中人们活动的主要动机,这也是后工业社会与工业社会的重要区别;(3)企业的性质以及生产管理的性质发生变化,创造性成为后工业社会企业的主要特征;(4)与管理性质的变化相一致,后工业社会超越了传统的剥削制度。

工业社会与后工业社会有着完全不同的发展机制,原因就在于它们在发展过程中所运用的资源是本质上完全不同的资源,于是造成两者的经济和社会进步过程是根本不能相比的——工业经济的特性在于所有生产要素都是可以再生产的,而且支出与效果是成正比的,但后工业经济的特性却是主要生产要素的不可复制性与生产过程中费用和结果的不可比拟性。于是,后工业社会的发展是无论怎样动员都不可能加快的一个自然过程。因此,历史上"追赶型"经济发展成功的实例仅仅属于工业化时代,只有当"追赶型"发展国家的进步仍然为后工业时代所需要时,这种进步才是可能的。

从历史意义上看,服务化社会其实是工业社会高度发展的新阶段,它所展现的种种发展趋势中,有很多都是很久以前在工业社会时期就已经可以预见到的。然而,它却与工业社会有着不同的运行机制和本质特征。工业社会是依赖于人与机器的协作关系去生产物质产品,与前工业社会相比,极大地提高了劳动生产率,满足了人们的物质需求;而服务化社会的需求已经发生了本质性的变化——非物质性,这一变化不仅反映在生产上无法大规模使用机器去替代人力,服务业因此得到提升和发展,成为最重要的生产部门;而且体现在人们对于人类自身的认识以及人与人之间关系的理解。因为人与人之间的合作关系较之对物的管理,会更加困难,所以,人们必须以社区为单位去完成一种"社会决策"而不是简单地把个人决策集中在一起。在这个意义上,服务化社会更多地体现为一个"公众社会"。

第二节　服务经济的基本特征

在服务化社会内涵的基础上,我们来具体考察服务经济的基本特征。服务经济是在工业经济高度发达的物质和技术基础上发展起来的,与工业经济有着紧密的联系,却也在本质上区别于工业经济。

如果说,前工业社会的经济发展是人们与自然界竞争的结果,那么工业经济便是人们与经过加工的自然界竞争的过程,而服务经济却与物质生产的经济不同,它的本质是人与人之间竞争与协作的关系。由于这些经济发展本质的不同,造成经济运行特点与增长机制的显著差异。

在前工业社会里,农业是经济中最重要的生产部门,绝大部分劳动力主要从事于农业。人们按照传统的方式,单纯用自身体力进行劳动,生产率很低,产出很大程度上依赖于季节气候、土壤性质和水量等自然条件。生产的目的通常是为了满足人们的衣食温饱,整个经济时常被"自然界的具体变化和世界经济中原料价格反复无常的动荡所左右"。

到了工业社会,机器生产取代了人力劳动,工业取代农业成为主要的经济部门。机器的使用和能源的投入,使得大规模地进行产品生产成为可能,劳动生产率从而大大提高;生产关系以人与机器的关系为中心,半熟练的工人是劳动力的主体。

"……过去的手工业者为两种新人物所代替——工程师,他们负责布局设计和工艺流程;半熟练工人,他们是机器与机器之间的人的齿轮——直到工程师的技术才智创造出一种新的机器来取代了他自身。这是一个协调行动的世界,人、原料和市场为商品的生产和分配而密切配合。这是一个有日程、有规划的社会，商品的各部分都按确切的时间和确切的比例装配起来，以加速商品流通。"①

按照边际主义的逻辑，工业经济的生活方式就在于人们利用最好的机器，按照竞争价格，从一定数量的自然物中获取最大数量的能量。工业社会的生产早已超出了人们对于温饱的基本生存需求，技术进步日新月异，各种工业产品满足了人们更多更丰富的物质需求。同时，大批量生产的物质产品为了寻求更多的市场而走出国门，商品在世界市场的快速流通带动了觅寻获利机会的资本的跨国流动，于是商品和资本在全球范围内的流动将世界各经济体联系起来，加强了世界经济的联动性。

在服务化社会，因人们的物质需求得到极大地满足而使需求层次向非物质的各类服务产品跃升，服务业成为后工业经济时期的主导产业部门。生产要素（劳动力、资本）从物质生产部门向服务部门转移；生产的方式也不再仅限于人对物的改造，而更多地表现为人对人的关系协调；生产的基础超出了物质能源的边界，取而代之的是技术创新、信息知识等无形资源。与工业经济时期商品和资本的国际流动相比，先进技术与信息知识的跨国转移将成为服务经济中深度开放的表征。不过，这一深度开放并不意味着对外部市场的依赖程度加强，或者说深度开放并不与外部市场的扩张等价。由于服务业生产和消费的一体性，服务贸易较之货

---

① ［美］丹尼尔·贝尔著，高铦等译：《后工业社会的来临——对社会预测的一项探索》，商务印书馆1984年版。

物贸易数量要小得多,尽管技术的变革与创新也逐渐使更多的服务成为可贸易品,但与工业经济相比,一国经济发展更多的倚重国内市场的深度发掘与国内经济结构的优化提升。

简言之,将前工业社会、工业社会和服务化社会三种社会形态下的经济总体特征对比简要归纳为表1-1。可以认为,服务经济是在人们非物质需求扩张的导向下,以服务业为主导经济部门,以技术创新和信息知识为关键生产资源,以人与人之间的竞争协作关系为主要生产关系的高度开放的经济形态。在这种经济形态下,人们生活质量的标准不再是物质商品的绝对数量,而是满足生产和生活需要的各项服务的数量与质量;经济开放的意义不再是简单意义上的外部市场的占有与扩张,而是注重国内市场完善与调节作用,并强调信息流与知识流等无形资产国际转移的高度开放体系。

表1-1　　三种社会形态的经济总体特征对比

特征	前工业社会经济	工业经济	服务经济
经济发展的本质	与自然界的竞争	与经过加工的自然界竞争	人与人之间的竞争与协作
主导经济部门	农业	工业	服务业
生产过程	人与自然的互动	人与机器的互动	人与人的互动
主导技术	劳动密集	资本与能源密集	知识密集
主导消费品	食物与手工制作的衣服	工业产品	信息与知识服务
经济增长推动力	自然的生产率(土地、气候与生物资源)	劳动生产率	创新/智力生产率
经济开放性	自给自足封闭经济	国际贸易、国际投资	技术知识跨国流动

第三节　服务经济的产业结构特征

经济发展体现在经济总量的增加和经济结构的优化上，其中特别是经济结构，对经济增长与演化产生重要的结构效应。在经济结构中居于核心地位的便是产业结构。根据配第-克拉克定理，产业结构一般是沿着"农业化"到"工业化"，再到"服务化"的路径进行演进。在演进过程中，产业结构的变化不仅表现为经济中三次产业的结构变化，而且反映在产业部门内部结构的演化中。在服务经济中，服务业比重的提升是产业结构最显著的特征，但是这还不是产业结构的完整体现。因此，本部分以三次产业的比重变化和各产业内部结构的变化为重点，力求体现服务经济下产业结构的基本特征。

从三次产业的比重变化来看，在工业经济时期，第二产业居于主导地位，第一产业比重持续下降，第三产业的比重逐渐上升。而在服务经济时期，第一产业将继续延续工业经济时期的下降趋势，在经济中仅占有极小的比例；第二产业的比重开始下降；第三产业则保持大幅上升态势，在经济中所占比重超过第二产业，成为主导产业。其中，产业结构日趋服务化和第二产业的比重下降成为服务经济中产业结构变化的两个主要特点。应当注意的是，产业相对比重的下降并不代表产业发展的停滞或是在经济意义中的重要性下降。

对第一产业来说,尽管其比重不断下降,在经济中比重很小,但是农产品的绝对数却并没有减少,农业在经济发展中的重要作用也没有被忽视。相反,第一产业的现代化和科技化正在如火如荼进行。传统农业向现代农业的转变,农业内部结构中种植业、畜牧业和林业等协调发展,农业由分散化经营向产业化方向发展,都是服务经济下第一产业演变的趋势所在。纵观发达国家农业的发展经验,也可以发现农业虽然在经济中的相对比重下降,但是农业供应却反而富足,只是相对于第二产业、第三产业,其生产率增长与赢利空间相对下降。

对第二产业来说,特别是工业部门,其在经济中的相对比重出现下降趋势并不意味着技术进步的放慢或停滞,反而是技术进步的速度在加快,不仅提高了工业部门的技术生产率,释放出更多的劳动力流向服务业部门,而且为其他产业的发展提供着强大的技术支持和创新来源。工业内部结构出现进一步"重化"趋势,而这一趋势区别于工业经济时期以生产设备作为变革对象的"重化"现象,服务经济时期的工业结构的"重化"在于最终产品的"重化",包含着相当比重的消费品而不完全是投资品(陈英,2005)。

对第三产业来说,服务业整体的产值和就业比重都显著提升。由于第三产业构成庞杂,我们将第三产业分为生产者服务业、消费者服务业和公共产品服务业三个门类来考察。生产者服务业，作为与工业联系最紧密的行业，一方面可以从工业技术进步中率先获得学习与创新的机会；另一方面则通过不断的信息化和国际化，凸显其在工业的前后向关联中所发挥的重要作用。消费者服务业发展迅速，极大地满足了人们对各类生活性服务的需求，发达国家的历史经验已然表明消费者服务在居民消费支出中的比重超出一半，甚至还有继续上升的趋势；公共产品服务是为整个社会服务的，具有基础性、保障性的功能作用，在服务化社会中更突出了其在经济管理和社会进步中的贡献，提供这些服务的部门包括政府机构、教育和科研机构，以及公用事业部门等，其中特别是教育和科研活动，对经济持续发展中的知识积累和创新影响巨大。

综合来看，服务经济的产业结构特点是第三产业（服务业）占据主导地位，物质生产部门的相对比重下降，技术进步和知识积累在产业结构变动过程中发挥着重要的支撑作用。具体到三次产业内部，第一产业走向现代化，第二产业的技术进步与创新步伐加快，第三产业内部的市场化服务和公共产品服务都有了突飞猛进的发展。

本章小结

服务化社会是在工业社会高度发达的基础上演化而来，它以人们非物质的服务需求为导向，体现着人与人之间的竞争与协调关系。在这样一种社会形态里，经济运行的机制如何？经济结构又发生着怎样的变化？本章在分析服务化社会内涵的基础上，步步深入，逐一探讨了服务经济的总体特征与产业结构特点。研究发现，尽管服务经济是成熟的工业经济的后续发展阶段，很多发展趋势与特点都可以从工业经济时期发现端倪，但它却是与工业经济有着本质差异的非物质生产的经济形态；基于这种差异，服务经济的发展方式与经济结构势必区别于物质生产的经济模式。由此，与工业化过程相比，产业结构向服务化的演进也呈现出不同的特点。

| 第二章 |

服务经济下经济增长的动力机制：
比较分析的中观产业视角

产业结构的演进，是经济中生产结构变化和主导产业更替的过程，也是要素资源在产业部门间流动与重新配置的过程。随着产业结构沿着农业化——工业化——服务化的一般路径演进，推进经济增长的背后的动能因素也在不断变化。按照结构主义的观点，由于各产业的技术进步速度不同以及需求扩张的差异，劳动力、资本等生产要素在产业部门间的流动，将带来要素收益的系统差别。"当一个经济系统能够对此进行相应的调整，如能对先进的技术加以利用并进行扩散和推广、能适应需求的变化而调整相应的要素投入和产出，就能使该经济系统得到发展，即可促使经济的增长。"（龚仰军，2002）产业结构的合理化和高级化会对经济增长产生结构促进效应，所以产业结构的变迁与演化对经济增长有着非常重要的意义，然而这种意义却并没有得到所有经济学家的正面评价（黄少军，2000）。

发展经济学家相对来说比较肯定产业结构变迁对于经济发展的作用，不过他们更关注的是产业重心从农业向工业的转移。而以富克斯、鲍莫尔为代表的一批经济学家则认为服务业的劳动生产率大大低于工业和农业，服务业在经济中比重的提升和生产要素向服务业的流动引起人们对于传统经济增长"发动机"的工业衰落和后工业社会经济增速下降的担忧。下面我们对现有文献中有关产业结构影响经济增长的观点进行一下梳理，其中特别关注服务经济下产业结构对经济增长的影响。

第一节 文献回顾

新古典经济增长理论没有过多强调经济结构的变动对于经济增长的意义,但是经济结构的演进对经济增长的促进作用已经得到广泛的理论研究与大量实际经验的支持。从产业结构演进的阶段来看,工业化对经济增长的拉动效应已然成为发展经济学研究的主题,世界上许多发展中国家通过启动和加速工业化进程摆脱了贫困,实现了人均收入水平的提高和整体经济的快速发展。而服务化却与工业化不同,相对于工业取代农业成为主导产业,服务化结构演进是非物质生产的服务业成为经济的主导产业,这一结构变化与以往不同,对经济增长的意义也存在着争议与探讨。

从理论研究来看,综合新古典经济增长理论和结构主义理论,产业结构向后工业化的演进以及生产要素向服务业的转移对经济增长的影响效应可以分为三类观点:

第一种观点是与卡尔多事实相容的均衡经济增长观点,认为即使存在劳动力就业向服务业的转移,经济增长也在长期内保持不变。Kongsamut、Rebelo and Xie(2001)的三部门(农业、制造业和服务业)新古典增长模型表明,虽然各个部门之间劳动力就业比例发生着变化,但是沿着广义均衡增长路径,实际人均

GDP 依然保持不变。Ngai and Pissarides（2007）、Acemoglu and Guerrieri（2008）以及 Foellmi and Zweimuller（2008）的研究也得出相似结论，即伴随着结构变动，总体经济处于均衡增长的路径之上，与卡尔多所描述的事实相一致。

第二种观点基于技术停滞所导致的服务业劳动生产率相对较低和"成本病"等问题，认为要素在从生产率较高的制造业部门转向生产率较低的服务业部门时，经济结构的变化将会对经济增长产生消极作用。Baumol（1967）在理论模型中阐明，实际产出增长率是制造业劳动生产率和以相应就业比例为权重的服务业劳动生产率的加权平均值。由于生产率较低的服务业部门的就业比例增加，实际增长率会持续下降。他指出，在非均衡劳动生产率存在的情形下，追求均衡增长的结果将会导致经济增长率相对于劳动力增长率的下降趋势，特别是当一个部门的劳动生产率和劳动力总量不变时，经济增长率将渐进趋于零。Spilimbergo（1998）拓展了 Baumol 有关服务业部门与经济增长之间存在负相关的论述，通过将研究视野从封闭经济转向开放经济，构建了开放经济理论模型，研究表明贸易通过比较优势加快了劳动力向服务业的转移，结果是开放经济下经济增长较封闭经济下降速度更快。

第三种观点则深入服务业内部并将服务业的外部效应纳入研究范围，表明结构变动的服务化在促进经济增长方面发挥着重要的作用。Pugno（2006）认为，服务消费会增加人力资本，特别是在家庭服务业中占据较大比例的教育、医疗和文化服务的消费会导致人力资本的形成与积累，从而提高劳动者的生产率，最终促进制造业和服务业的劳动生产率提高。他将人力资本积累效应加入 Baumol 模型，指出如果服务消费的生产促进性足以支持人力资本的形成，那么结构变动的整体效应就会对经济生产率的增长产生积极作用。Eschenbach and Hoekman（2005）以转型经济体为研究对象，讨论服务业改革时也指出，服务是各部门劳动者提高生产率的重要因素，教育、培训和医疗卫生等服务都是人力资本形成与持续的关键投入，因此服务部门的改革对提高经济增长与效率将做出很大的贡献。De Vincenti（2007）认为，服务部门对制造部门具有正的外部性，而且服务和制造两个部门内部均存在干中学过程，通过在 Baumol 模型中加入这两种因素，在生产率内生的假设下强调说，服务业在提高劳动生产率上发挥着的重要作用，劳动力就业向服务业的转移会提高实际人均 GDP 增长率。

此外，另有文献从不同的角度出发，将服务产品的最终用途考虑进去来分析服务业与经济增长的关系。例如，Oulton（2001）在 Baumol 模型的基础上将服务作为中间产品来看待，分析指出，如果技术停滞的服务业部门生产中间产品，那么资源流入这些停滞部门将不会导致劳动生产率的下降。他透过美国和英国的实际经验说明，产业结构向服务业部门变动，并没有降低，而是提高了总体增长率；同时进一步解释说，金融与商业服务业的全要素生产率有可能被低估，如果可以得到矫正，则这些部门对总体增长来说将发挥着比制造业更加重要的作用。Oulton 在分析中将服务仅仅作为中间产品，而 Sasaki（2007）进一步考察了服务产品同时作为中间产品和最终需求产品的条件下，就业从制造业部门转移到服务业部门对经济增长率的影响，结果却得出相反的结论。Sasaki 的研究发现，在服务业部门生产率增长低于制造业部门的前提下，随着就业向服务部门的流动，制造业部门的就业比例与经济增长率在长期中均会下降。

因此，对于产业结构服务化是否会引起经济增长减缓等问题的理论探讨并没有一致的结论，那么究竟哪种观点更加接近现实呢？

对这一问题进行实证检验，Peneder（2003）采用传统的偏离—份额（shift-share）分析法，在1990—1998年28个OECD国家的跨国面板数据的基础上分析了中观产业结构与宏观经济增长的联系，指出服务部门比重对人均GDP及其年增长率有着负向影响。这一结论大致与 Baumol 非均衡增长中的结构负担（structural burden）假设相吻合。Maudos et al.（2008）根据欧盟KLEMS数据库，也采用偏离—份额分析法对欧盟15国和美国在1977—2004年的47个部门数据进行实证分析后，也同样认为部门间劳动力转移的结构效应对生产率增长的作用为负。但是，Havlik（2005）和 Maroto-Sanchez et al.（2009）却采用相同的偏离—份额分析法得出了不同的结论。Havlik 考量整体增长与部门劳动生产率和部门间劳动力再配置的关联，指出由于服务业部门的异质性，住宿、医疗和社会工作等部门的劳动生产率增长低于平均水平，而房地产和社区服务等却对生产率增长有着积极贡献。Maroto - Sanchez et al. 认为，从经济总量和战略层面上看，服务业都在发达经济体中发挥了核心作用；但是对服务业的实证研究却滞后于农业和制造业部门，因此他们采用传统偏离—份额法来分析结构服务化对劳动生产率增长的影响，并选取 1980—2005 年 37 个 OECD 国家的面板数据样本对这一影响做了跨国实证检验。结果发现，一些第三产业活动显示出生产率的动态增长，进而在促进整体生产率增长中发挥着更加重要的作用。进一步将服务业划分为市场服务业和非市场服务业，分类验证的结果表明，市场服务业对经济增长的效应为负，而公共服务、社会服务和个人服务等非市场服务却对经济增长产生正向效应。因此，市场服务增长较快的国家，服务业对劳动增长率的正向影响越小；而非市场服务业比重较高的国家，服务业对劳动生产率的正向影响却非常明显。

另有文献采用回归分析和格兰杰因果检验的方法进行了实证研究。Nordhaus（2008）采用 1948—2001 年 67 个行业的数据进行回归分析，验证了 Baumol 有关技术停滞部门对经济增长的负向影响的观点，认为产出构成发生变化——从制造业等生产率较高的产业转向政府服务、教育、建筑等存在技术停滞的产业，会导致总体生产率的下降和经济增长减缓的趋势，并进一步指出从 20 世纪下半叶以来由于结构变动的负向影响，总体生产率增长的降幅超过 0.5 个百分点。纪明、梁东黎（2011）对 1988—2006 年这一时期内美国、日本、德国等 10 个进入后工业化时代的国家的平衡面板数据进行回归分析，发现后工业时代资本和劳动力由非服务业部门向服务业部门转移对经济增长的影响有所不同，资本向服务部门的转移导致经济增长的微弱提高，而劳动力向服务部门的流动却造成经济增长率的下降，最后服务业在 GDP 中比重上升以及服务业的快速增长对经济增长的贡献微小。Hartwig（2012）基于 18 个 OECD 国家的经验数据，采用格兰杰因果检验方法对结构变动和经济增长的关系做了实证检验。从模型估计的结果来看，尽管 Baumol 模型所提到的消费会向服务转移的确发生了，但是结构变动向服务业转移是否会导致经济增长下降的效应却仍有质疑，GMM 估计模型中只有一个方程反映出服务化产生消极效应的观点，但其余更多的模型则表明人均健康医疗和教育花费对人均 GDP 增长的格兰杰因果关系并不存在，这一结论与 Ngai and Pissarides（2007）和 Acemoglu and Guerrieri（2008）所认为的结构变动倾向于均衡经济增长的结论较为一致，而 van Zon and Muysken（2005）和 Pugno（2006）提出的服务化通过人力资本积累而促进经济增长的理论分析却没有得到经验数据的支持。因此，研究认为，没有证据显示产业结构转向技术停滞的和促进人力资本积累的服务业会提高内生经济增长率，而且经验数据也没有确切反映出，结构变动是否与均衡经济增长相容，或者导致长期的经济停滞。不过，如果在 OECD 样本中将日本的数据排除，则结构向服务业变动对经济增长会存在统计上显著的和长期的负向影响。但是，Noland et al.（2012）根据亚洲经济体发展的经验数据，实证分析指出服务业在地区产出和就业中都占据很大比重，服务业的增长对减轻地区贫困和促进地区经济增长做出很大的贡献，不过目前亚洲服务业部门中传统服务业仍占较大比例，服务业生产率也落后于 OECD 国家。

由此看来，有关产业结构向后工业化变迁对经济增长影响的实证研究也没有得出一致的结论。有学者将结构变动对经济增长的影响非线性化，对今后实证研究的进一步拓展提供了参考思路。Sasaki（2012）建立的两部门模型将制造业和服务业的劳动生产率增长内生化，综合考虑了服务消费对人力资本积累的贡献和制造业"干中学"效应所带来的技术进步，阐明服务业就业比例与实际人均 GDP 增长率之间的非线性关系。随着服务业的就业比例上升，一方面制造业的"干中学"效应减弱；另一方面，服务业消费所带来的人力资本积聚效应增强。这两种相反的效应导致服务业就业比例与实际人均 GDP 增长之间存在"U"形关系，即服务业就业比例上升起初降低了实际人均 GDP 增长，但在某个时点之后，却开始促进实际人均 GDP 的增长。他进一步指明，对服务业就业比例和人均 GDP 增长的关系进行跨国数据的实证检验时，需要区分该国是出于上升还是下降阶段，若不加区分，将所有国家数据统一处理，则会得到两者模糊不清的关系。

综合理论分析与实证研究的文献，不难发现，在产业结构的服务化演进是否影响经济增长的问题上存在很大的分歧。基于服务业劳动生产率、外部性和异质性的不同出发点，导致了对以服务业为主导的产业结构变动对经济增长意义的研究结论的差异。其中，一个值得进一步讨论的问题是，产业结构向服务化变迁究竟给经济增长带来何种影响。以 Baumol 为代表的一批经济学家从劳动生产率的角度判断产业结构服务化会带来经济增长的减速，甚至衰退。然而，这种从供给生产率的角度去考虑服务业是否对经济增长产生负面作用的观点仍值得商榷。原因有三点：一是由于服务业产出具有非物质性和无形性，导致产出不易衡量，很可能存在统计意义上的低估；二是因为除供给因素，还有需求、外部性等许多其他因素会影响服务业对经济增长的作用，尤其是服务业对其他产业部门生产率提高的意义；三是在于服务业是一个构成繁杂的产业，不仅门类众多而且异质性强，不同类型的服务对经济发展的意义差别很大。所以，要综合而全面地考量产业结构后工业化对经济增长的意义也并非易事。因此，尝试采用比较分析的方法——比较工业与服务业在经济增长中的作用，结合国际发展经验来探讨服务经济增长背后的动力机制。

第二节　工业与服务业促进经济增长的作用机理

在服务经济下，经济的主导产业由工业转变为服务业，经济增长的引擎便由工业拉动转换为服务业推动。工业与服务业是两个性质不同的产业部门,前者属于物质生产部门,后者却是非物质生产部门。从表面来看,工业对经济增长的作用更加直接,它通过物质资本、劳动力、自然资源的投入进行工业产品生产,然后由市场交换实现产品的市场价值,使得要素投入得到回报,引起经济总量的增长和收入水平的提高;而服务业对经济增长的作用比较复杂,除了服务产品自身价值的实现之外,还通过产业之间的关联(外部性)以及无形生产要素积累(例如人力资本培养)来间接作用于经济增长的过程。

在工业化初期,社会技术水平低,物质产品匮乏,经济中农业生产的比重很高。但由于工业产品较之农业产品有着更高的附加价值,所以工业生产的增加会显著提高投入生产的各项生产要素的报酬,于是生产要素开始从农业生产转移到工业制造中去。工业产品的供给增加,经由市场实现了商品价值。结果是,资本投入得到较高回报,进一步用于技术革新和扩大再生产;劳动力收入提高,基于工业产品相对较高的收入弹性,引起社会对工业产品需求的扩张;土地要素收益提高,引起更多的工厂厂房开始兴建使用。随着工业化进程的展开和技术水平的提高,大规模标准化的生产促进了规模经济的形成,工业产出极大地增加;同时,生产成本相对下降,工业产品价格相对下降,导致工业产品的消费迅速扩张。在供给增加和需求扩张的带动下,工业产值大幅提升,经济总量和收入水平得到显著提高,经济增速加快。在开放经济条件下,国外资本也会因逐利而向国内工业投资,造成工业产出的继续扩大，以致工业产品产量除满足国内需求外开始向国际市场进军，外需成为加速工业化进程的重要外部力量。当工业化进入中后期阶段时，工业体系已逐渐成熟，为了进一步保持和提高工业核心竞争力，工业企业将非核心的生产过程中间服务活动，例如融资、交通运输、物流等分离出来，外包给专业化的企业去做，催生出生产性服务业。生产性服务业的发展使得工业部门进一步降低生产成本，提高生产效率，集中主要资源进行核心能力建设，从而最终改变了其拉动经济增长的方式——从依赖要素资源投入的外延式拉动转变为倚重技术创新的内涵式推动。综合来看，工业是通过工业产品市场价值的实现、贸易出口和带动相关生产性服务业的发展来提高经济总量，而外资与外需是工业化时期促进工业部门扩张、进而拉动经济的重要外因（见图2-1）。工业对经济增长的拉动是一种以物质生产为基础，在市场机制作用下进行的、直接的、动态的过程。

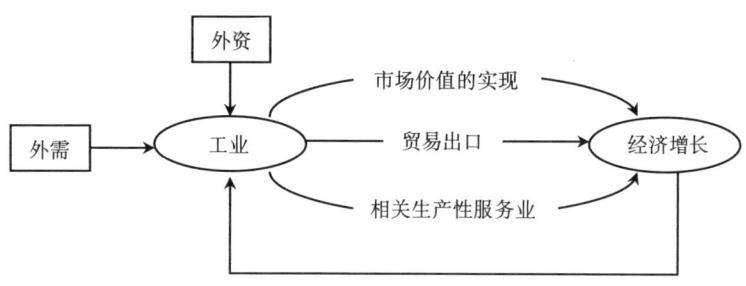

图2-1 工业对经济增长的拉动作用

但是，服务业对经济增长的推动却与工业有着极大的差异。可以说，服务业对经济增长既有直接作用，也有间接影响；既有显性拉动，也有隐性助推。下面我们逐一进行说明。

服务业的产出，我们姑且称作"服务产品"，"是一个经济主体受让另一个经济主体的经济要素的使用权并对其使用所获得的运动形态的使用价值"（黄少军，2000），它与工业产品的本质区别在于服务产品的消费不是服务劳动者的劳动结果，而是整个劳动过程，是运动形态的使用价值，所以服务产品是一种"可交易物"，而不是像工业产品那样可以进行所有权"再交换"的"可交换物"①。

尽管服务产品与工业产品在本质上存在区别，但是它依然是在市场机制的约束作用下完成交易过程。按照服务产品的功能用途，我们从最终消费和中间生产性投入两个方面来考察"最终服务产品"和"中间服务产品"的生产和交易对经济增长的意义。最终服务产品更多的指用于社会最终消费的服务，它通过服务市场的交易完成使用价值的让渡。由于最终服务产品不能采用类似工业产品的标准化大规模机器生产，且要考虑到消费者个性化需求的问题，因此生产率相对较低，而相对劳动成本和相对市场价格却在提高，从而使得最终服务的产值增加。于是，最终服务产品通过生产交易实现自身市场价值的方式促进经济总量的增加。

---

① "交换"是客观对象所有权的完全让渡，"可交换物"是指可以实现所有权完全让渡的客观对象；"交易"是指两个不同经济主体之间的"相互交换"或"相互影响"的行为。服务产品在交易的同时实施消费行为，是不能再交换的，它不是"可交换物"，而只是"可交易物"（黄少军，2000）。

而"中间服务产品"则主要为物质生产部门（特别是工业部门）服务，进一步提高物质生产部门的生产率，以更多数量、更高品质的物质产品的市场价值的实现这一间接途径来促进经济增长。在开放经济下，外资在服务部门的投入导致服务供给的增多，助推服务业对经济增长的拉动作用。另外，还需注意的是，外资在服务部门中的投资结构不同会引起这种拉动作用的强弱差异。从服务产品的跨国流动来看，虽然可贸易性较工业产品差，但技术手段的不断更新与进步，已经使得不少的服务产品可以参与国际贸易。服务贸易的增长①成为经济总量增加的来源之一，也成为经济增长的动力来源之一。

最终服务产品的价值实现、中间服务产品对生产率提高的作用和服务贸易的发展构成了服务业对经济增长显性的拉动过程（见图2-2）。此外，服务业的外部性还对经济增长有着隐性的推动作用。这一外部性更多表现在无形资源的积累与应用，尤其是人力资本的培养与应用。服务产品的生产和消费过程中，知识、技术、信息的综合运用对于提高劳动者素质，形成高质量的人力资本起到重要作用，而人力资本的积累对提高经济部门（包括物质生产部门与服务生产部门）的生产率贡献很大。再深入一点来讲，吸引和留住更多的人力资本，无形的社会制度环境等软实力要比单纯的物质激励更有效力，所以人力资本对于形成有利于经

---

① 据世界银行统计，2011年服务贸易占GDP的比重已达到11.40%。

济持续发展的制度环境和社会资本等也做出了重要贡献。由此看来，服务业发展实际上还是一种经由社会无形资源积累的贡献对经济增长起着助推作用的隐性力量。

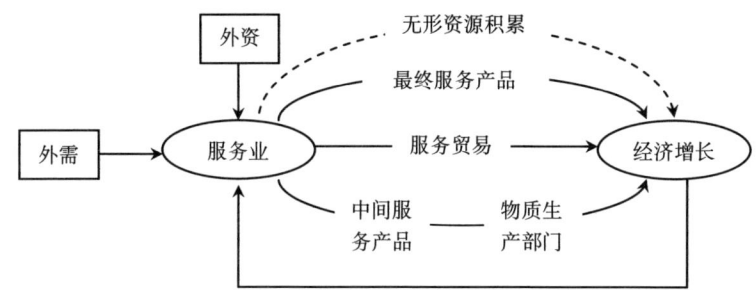

图 2-2　服务业对经济增长的拉动作用

概而言之，工业对经济增长的拉动作用更加直接，更加显性，也更加迅速；而服务业对经济增长的拉动则是一种深入经济社会基础的、间接的、更加持续的过程。就发展阶段而言，工业的直接拉动作用在工业化阶段得到了很好的体现，可以说，工业无疑是工业化时期经济增长的"发动机"；但在服务经济阶段，经济增长的意义已由单纯的数量增长扩展到结构优化和社会发展的更深层面，所以工业外延式的拉动作用已然不适合经济增长的要求。当然，此时的工业部门也在由粗放型的生产方式向集约化转变，依靠知识技术要素的投入为经济增长做出贡献，不过，服务经济的基本特征却将服务业推到经济增长主动力的位置上。服务业的推动作用，相对而言更加符合后工业经济时期对内需市场的依赖、对无形生产要素累积的需求以及对产业结构"软化"的趋势要求。因此,从这个意义上讲,服务业可以认为是服务经济增长的"发动机",但是工业的推动作用仍不可或缺,且在技术支持和知识创新方面意义重大。

第三节 服务经济下服务业内部结构变动对经济增长的拉动作用

研究服务业对经济增长的关系,不可忽视的一点就是服务业的庞杂性导致服务业内部各部门对经济增长的不同作用,或者说服务业内部结构的变动影响着其对经济增长的推动作用。因此,我们将对服务业这个"大"产业进行分类,然后对各类服务业的特点及其对经济增长的意义进行概述,而后考虑不同时期内,尤其是后工业化时期内服务业内部各类产业比重的变化与整体经济增长的关系。

一般来说,服务业的分类标准可以按照功能来区分,也可以依据不同经济阶段的特点来归纳。按照功能来看,服务业中既有为生产服务的,也有满足居民消费所需的;依据不同经济阶段来看,服务业大致包含了资本技术密集的现代服务业和劳动密集的传统服务业。

本部分采取前者的分类方法,在 Singelmann（1978）四类分类法①的基础上，将服务业分为三大类：生产性服务业、生活性服务业和公共服务业（见表2-1）。

表2-1　　　　　　　　　　服务业的分类

1. 生产性服务业	批发零售、交通运输、仓储、物流、邮政、信息技术、金融保险、房地产、商务服务、科研服务等
2. 生活性服务业	住宿、餐饮、家庭服务、修理服务、理发美容、休闲娱乐等
3. 公共服务业	医疗卫生、教育、福利、宗教、公共管理、社会保障、社会组织等

生产性服务业涵盖了商品和服务的进一步生产所需的中间投入服务，例如批发零售、交通物流、研发设计、信息技术支持以及金融保险等等。这些服务是为满足企业降低生产费用和提高生产效率的需求而从企业内部分离出来，进入市场独立发展。生产性服务大多表现为资本技术和知识密集型的服务产品，在生产过程中吸收大量的人力资本和知识信息，被普遍认为是促进其他经济部门发展的"润滑剂"。

生活性服务业则以满足居民最终消费需求为目的，包括住宿餐饮、休闲娱乐、家庭服务、修理服务及其他居民服务等。生活

---

① Singelmann（1978）按照服务业的功能，将服务业分为四类，即流通服务、生产者服务、社会服务和个人服务。

性服务业是连接物质、精神产品生产和消费之间的载体,物质、精神产品经过生活性服务业被人们所消费(俞华,2012)。生活性服务业以传统的劳动密集型产业为主,规模相对较小,人力资本与物质资本的投入也较少,不过对于吸收劳动力、扩大社会就业有着积极贡献。

公共服务业与生活性服务业类似,也是被最终需求推动的,提供具有"公共产品"性质的服务的产业部门。公共服务包含医疗、教育、社保、社会组织、公共管理服务等。这些服务与生产性和生活性服务不同,属于"公共产品"的范畴,具有效用的不可分割性,并且更多依靠政府来资源配置和促进发展。如果将公共服务进一步细分,又可以分为纯粹的公共服务(例如:基础教育、公共医疗卫生、公共交通、养老保险等)和具有经营性的准公共服务(例如:供水、供电、供气等)。

对比三类服务的性质,生产性服务业的劳动生产率相对较高,而且对其他产业的生产率提高的促进作用也相对较强,因而在整体经济增长中起到一种正向的积极作用。生活性服务业因较高的收入需求弹性而发展起来,但是因生产率相对较低,且知识技术含量不高,所以对经济增长的贡献相对不足。公共服务业则通过多种途径对经济增长产生促进作用,既可以通过积累人力资本和营造稳定的社会环境促进经济长期增长(杨颖、穆荣平,2012),又可以通过提高社会福利水平,减少居民的预防性储蓄通过扩大消费来带动经济短期快速增长(张序,2011)。不过对于基本公共服务的过度增长也存在忧虑，即由于社会福利的过度发展，降低了人们的工作积极性，削弱了社会竞争力，同时造成了庞大的社会税收负担。

尽管这三类服务对经济增长的影响各有特点，使得我们分析整体服务业发展对经济增长的作用时需要谨慎处理，但是更深一层的是，由于三类服务业在经济发展不同阶段地位的不同，增加了服务业对经济增长的影响的复杂性。在工业化阶段，工业是经济增长的引擎，那么与工业有直接关系的生产性服务业得到了极大的提高，不过，由于当时的工业化水平低，工业可以带动的往往是生产性服务业中的传统产业——物流运输、仓储和一些商务服务等。此外，公共服务也在这一工业化过程中发挥着一些辅助性和基础性的作用，以维护性的和经济性的公共服务为主，也即产权保护和市场竞争秩序维护等公共服务（李军鹏，2005）。所以，虽然生产性服务业得到了发展，不过在工业化时期与工业的强大推动力相比，服务业对经济增长的促进作用并未充分显现。到了工业化后期，由于物质产品的极大丰富，人们开始寻求更多的非物质性服务，于是消费性服务开始增长；同时，工业开始从劳动密集向资本技术知识密集的方向升级，使得生产性服务业中知识技术密集的科研、金融保险和信息技术服务等现代服务业开始发展起来。到了服务化时期，以人力资本积累和社会保障等服务为主的公共服务业对经济增长的作用日益突出，公共服务与市场竞争机制共同作用于现代经济增长的发展过程中。

第四节　基于服务业新动能的经济增长
　　　　变化趋势的理论预测

通过比较工业与服务业对经济增长的拉动机制不难发现，以工业为主动力的拉动机制较为适合工业化初期的经济增长模式；而当工业化进程演进后期阶段，经济增长的内涵与特征发生变化时，这种拉动机制便无法继续支撑未来经济的可持续健康发展。这时，服务经济的增长需要新的动力支持，那就是以服务业为主的新的拉动机制。服务业产出的无形性、非物质性特点满足了服务经济下社会需求升级的需要；服务业对整个社会劳动生产率的提高，对三次产业部门之间的合作与协同都发挥了至关重要的作用，更加符合服务经济时期经济增长更加综合化、全面化的特征。因此，可以说，以服务业为主的动力机制是服务经济增长的强大动能。

当工业经济向服务经济过渡时，经济增长的动能转换对经济增长产生了一系列影响。

第一，服务化时期经济增长方式由外延式扩张向内涵式提升转变。服务业对经济增长的拉动机制，既包括与工业拉动机制类似的直接贡献，来增加经济总量，也包括工业拉动机制所缺乏的间接作用，即通过促进整体经济部门劳动生产率提升来提高经济增长的质量，优化经济结构，推动产业之间的协调发展与有效融合。因此，由服务业主导的服务化经济增长已不再将增长速度作为最重要的衡量指标，而是将经济质量、经济结构、增长速度等融合成指标体系，来反映经济发展的全貌与内涵。

第二，服务化时期经济增长速度将会下降，即由工业化时期的高速增长转换为中低速增长。工业化初期，由于工业较农业劳动生产率高，且工业产品较农产品的附加值更高，因而工业取代农业后对经济增长的直接拉动作用较强，工业化时期经济增长的速度迅速提升。但到工业化后期，服务业对经济增长的拉动机制存在"双重"特性，即直接拉动和间接推动。在直接作用上，由于服务产品无法像工业产品那样可以大规模、标准化地生产，且服务产品的价值依赖于消费者的主观感受，不易衡量，又统计困难，于是导致服务业对经济增长的直接拉动力量不及工业。在间接作用上，服务业因促进人力资本等无形要素的积累而对全社会劳动生产率提升做出的贡献毋庸置疑，但由于该贡献耗时较长，且容易低估，在短时间内无法明显地体现出对经济增长的推动作用。再加上服务化时期经济总量基础已然大大超过工业化时期，因此，服务经济无法继续延续工业化时期的高速增长模式，就速度而言，其经济增长将进入一个中低速的运行空间。

第三，服务化时期经济增长速度的下降趋势是否会持续下去，关键在于动力转换是否顺利以及新动力是否能够不断发展壮大来支撑长期经济增长。基于工业与服务业对经济增长拉动机制的不同，服务化时期经济增速下降将成为一种自然的趋势。但这一趋势如何演化，取决于增长动力转换的过程与新动力的有力支持。首先，在工业化后期，社会经济已呈现服务化特征，工业的动力机制逐渐不再适合服务经济增长的要求，其对服务经济增长的拉动作用也将渐趋减弱。如果服务业可以取代工业成为经济增长的主动力，顺利完成动力转换的过程，那么服务化时期经济增长将由服务业继续推动，避免因新旧动力"交接"不力而对经济增长产生的负面影响。其次，服务业成为新的经济增长引擎之后，必须能够不断发展壮大，有效发挥对经济增长的"双重"作用力，同时带动农业、工业向更加现代化、更高端的方向发展，促进经济结构的合理化与高级化，为经济增长提供强大的持久动力，才能使得服务化时期经济增速的下降趋势逐渐平稳，最终使得经济增速保持在一个稳定的、合理的增长区间。

综上可知，随着从工业到服务业的动能转换，经济的自然增长率很可能会出现短时下降趋势。但是，这种下降并不会持续下去，从更长的时期来看，随着生产要素的积累和全社会劳动生产率的普遍提高，经济增长会逐渐平稳，经济增长速度将稳定到一个合理的区间进行波动。于是，由服务业新动能拉动的经济增长将很可能呈现出一种由短时下降到长期平稳的自然变化趋势。

然而，上述对经济增长的变化趋势的预测与判断是建立在新旧动能顺利转换的前提之下。如若存在阻碍动能转换的因素，使得已不再适应服务经济增长的旧动能继续强化,而新动能无法有效发挥作用,则很可能造成"扭曲"的效率损失,导致经济增速下降。要使得服务化阶段的经济增长实现长期稳定和可持续发展,避免无谓的效率损失,就要破除阻碍新旧动能转换的因素,促进新旧动能的转换顺利进行,并不断发展壮大服务业新动能。

本章小结

本章首先回顾了新古典增长理论和结构主义理论对产业结构是否影响经济增长的相关文献,又从理论和经验证据两方面重点分析了产业结构服务化变迁对经济增长的影响。结果发现,服务业取代工业成为经济增长的主动力,其对经济增长是否存在消极影响而导致增速下降,理论和实证的文献都未给出一致的结论。本书认为,从劳动生产率的角度来看待服务业对经济增长的动力作用仍有待讨论。因此,基于服务经济的内涵与基本特征,通过比较工业与服务业在经济增长拉动机制上的差异,分析服务业作为新动能如何从"显性"和"隐性"两方面促进服务经济增长,并从理论上对服务经济的增长趋势作出理论判断与预测。

第三章

产业结构转型背景下经济增长的趋势特点与原因解析:国际经验证据

第一节 产业结构服务化下经济增长的变化趋势：基于多国经验证据

产业结构向服务化转型的过程始于二十世纪六七十年代，美国成为第一个向服务化转型的国家。半个多世纪以来，继美国之后，欧洲、东亚等地区先后出现了一批向服务化过渡的经济体。从今天来看，尽管成功实现服务化的国家要比完成工业化的国家相对少了很多，但是服务化的趋势却一直在继续。

首先，从当今世界的发达经济体来看，产业结构呈现出"三、二、一"的态势，即第三产业（服务业）居于主导地位，第二产业（工业）和第一产业（农业）则紧随其后。在三次产业的产值与就业占比中，服务业均领先于其他产业，其中服务业产值比重在一些发达国家中高达70%以上。很显然，当工业化进入后期以后，服务业取代工业成经济主导产业和增长动力已经是一种客观的、必然趋势了。

其次，我们遇到的问题是哪些国家经历了产业结构向服务化演进的过程，即选取何种标准来划分和选择所要研究的样本国家。按照产业结构服务化的特征——服务业在经济中占据主导地位以及工业比重下降，再结合经济总量等指标，我们在世界银行WDI

数据库和美国 BEA 网站公布的 1961—2018 年的数据中，选取了服务业比重超过 60% 和工业比重出现长期下降趋势的 14 个国家作为研究对象。这 14 个国家分别是：美国、日本、法国、德国、意大利、西班牙、瑞典、英国、澳大利亚、加拿大、荷兰、新西兰、新加坡和韩国。同时，根据上述指标对这些国家向服务化转型的大致时间范围进行了初步统计（见表 3-1）。

表 3-1　　14 个样本国家向服务化转型的时间表

国家	服务化转型时间
美国	20 世纪 60 年代中期
日本	20 世纪 70 年代初期
法国	20 世纪 70 年代中期
德国	20 世纪 70 年代中期
意大利	20 世纪 70 年代中期
西班牙	20 世纪 70 年代中期
瑞典	20 世纪 70 年代中期
英国	20 世纪 70 年代中期
澳大利亚	20 世纪 80 年代初期
加拿大	20 世纪 80 年代初期
荷兰	20 世纪 80 年代初期
新西兰	20 世纪 80 年代初期
新加坡	20 世纪 80 年代中期
韩国	20 世纪 90 年代中期

资料来源：世界银行 WDI 数据库、美国 BEA 网站 www.bea.org。

接着，我们对 14 个样本国家在转型过程中的经济增长变化进行观察（见图3-1）。在样本国家的经济增长率变化图上画一趋势线，可以发现，除新西兰外，其余国家的经济增速趋势线均向右下方倾斜。因此，可以说，从总体上讲，随着工业化向服务化转型，经济增长速度呈现下降趋势。

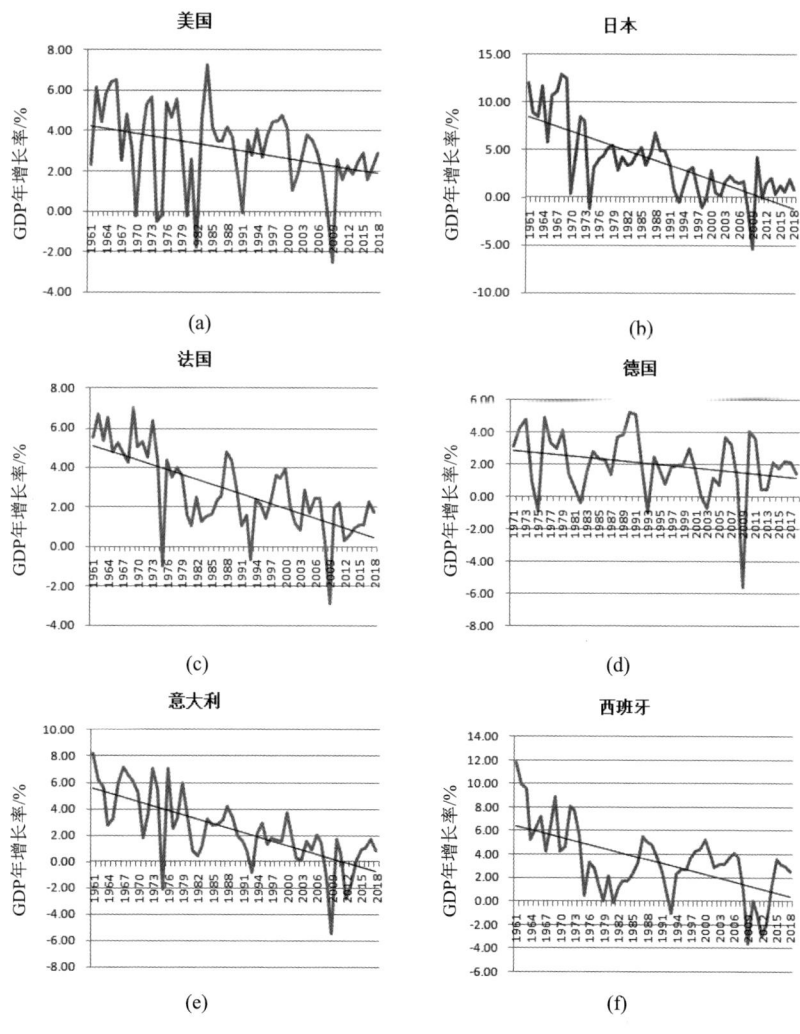

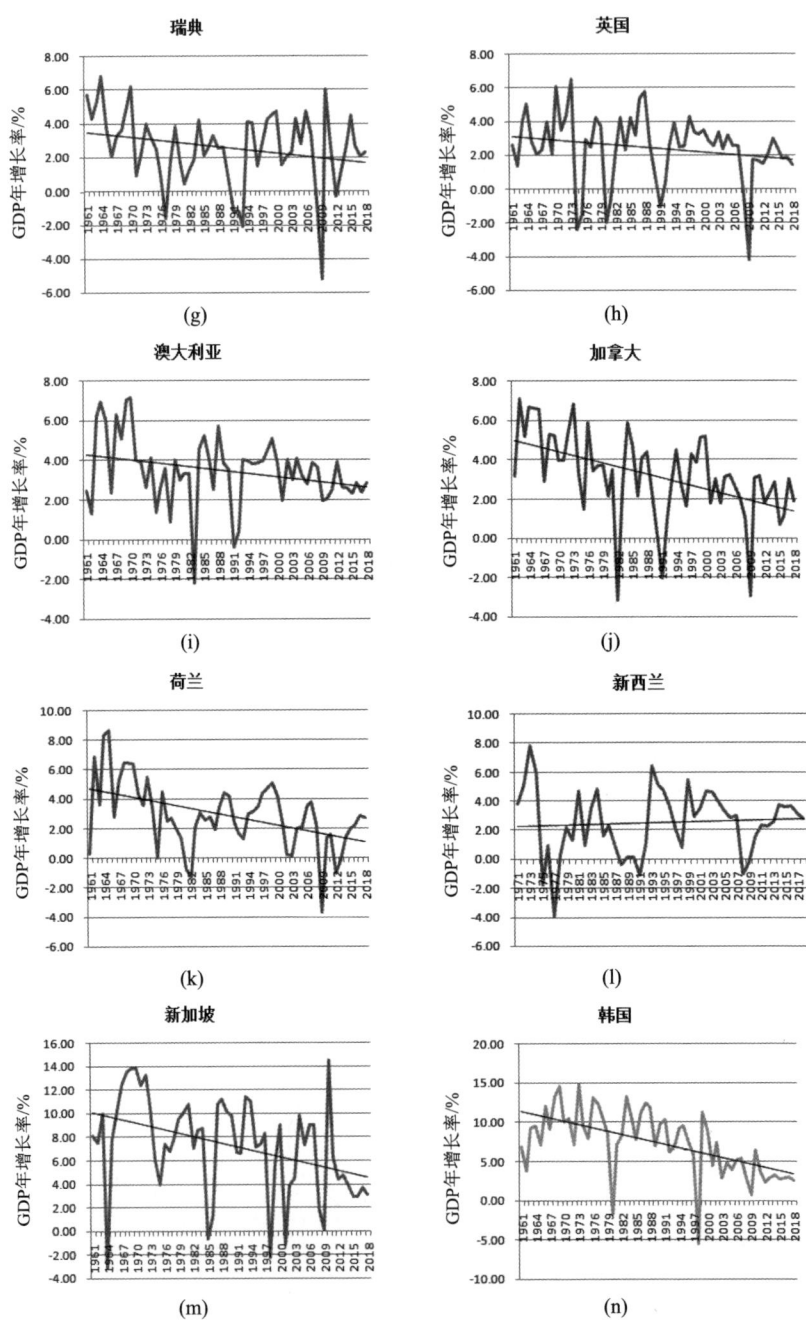

图 3-1 14 个样本国家服务化转型的 GDP 增长率的变化趋势

接下来，按照转型的时间分组观察。
- 第一组为20世纪60年代转型的美国；
- 第二组为20世纪70年代转型的日本、法国、德国、意大利、西班牙、瑞典和英国；
- 第三组为20世纪80年代转型的澳大利亚、加拿大、荷兰、新西兰和新加坡；
- 第四组为20世纪90年代转型的韩国。

通过对比这四组样本国家在转型前后的经济增长率变化特点，初步发现，尽管各个国家转型的时间不尽相同，但经济增长率的变化显示出一些共同特点，即：在转型前经济增长较快，转型时经济增长速度出现短暂下降，而在转型之后的一段时间内经济增长速度并没有继续下降，而是在另一个相对较低的范围内保持稳定。

以最早进行服务化转型的美国为例[图3-1（a）]，20世纪60年代中期以前经济增长保持在4%—6%的范围内，60年代中期转型时出现明显下降，70年代以来经济增长逐渐恢复，除了1973年、1979年和1990年三次石油危机的影响和2008年国际金融危机的冲击之外，经济增长速度几乎保持在2%—4%的空间内。由此可见，美国GDP虽然没有延续转型前的高速增长，但也没有出现转型后持续下降的趋势，而是以中低速持续稳定增长。

对第二组国家而言，从20世纪60年代到70年代初的转型前阶段，经济增长大都维持在较高水平；从70年代中期转型开始，经济增速下滑；从90年代末或是21世纪以来，经济增速渐趋稳定在一个相对转型前较低的区间内。以日本为例来看［图3-1（b）］，其转型时间为20世纪70年代初。从60年代到70年代初期，日本的经济增长几乎都在10%左右波动；70年代中期以后，经济增速下滑至5%左右；90年代以来，经济增速逐渐稳定在3%左右的水平上。再以70年代中期转型的法国为例［图3-1（c）］，从60年代初到70年代中期，经济增长维持在4%—8%的波幅以内；转型开始后至90年代末，经济增速下降至2%—4%；2000年以来，经济增长稳定在0—2%的波动区间内。同期转型的英国亦是如此［见图3-1（h）］，60年代至转型开始前，经济增速为2%—6%；转型期间内，经济增速开始减缓，在2%—4%的空间内波动；2000年以来，经济增速保持稳定在大约2%的水平上。

对第三组国家而言，除新西兰外，同组其他国家都表现出与前两组国家相似的特征，即转型前高速增长，转型时开始下降，之后逐渐进入平稳的中低速发展阶段。图3-1（i）所反映出的澳大利亚经济增长的趋势便是如此，在转型前的20世纪60年代至70年代末，经济增长一直保持在4%—8%的高位；随着80年代初转型开始，经济增长下降至4%左右；2000年以后开始逐渐稳定在2%—4%的空间内波动。同样地，加拿大也呈现出与澳大利亚转型在同一时间段相同的变化趋势［见图3-1（j）］。再以80年代转型稍晚的新加坡为例［见图3-1（m）］，从60年代开始经济增长加速,到 80 年代初,经济增速一直在 8%—14% 的高位区间内运行,多数年份都出现两位数的增长态势;转型开始后,经济增速下降至 4%—10% 的波幅空间内;并于 20 世纪中期以后逐渐平稳在 2%—6% 的区间内。

最后,以样本国家中转型最晚的韩国为例 [见图 3-1 (n)],其在转型之前的 20 世纪 70 年代至 80 年代末,经济增长一直保持在 8%—15% 的高速增长空间内;90 年代转型开始后,经济增长不断下降至 5%—10% 的增幅之内;2008 年国际金融危机之后,逐渐稳定在 5% 左右的低速发展水平上。

我们将这 14 个样本国家所体现出的带有规律性的现象用抽象的图形统一表达出来(见图 3-2)。可以看出,该现象比较符合我们上述的理论判断。产业结构向服务化转型前,工业的直接拉动机制使得这些样本国家的经济高速增长;随着工业化进程的加速,工业的拉动机制逐渐减弱,经济增长的动力机制开始转换,造成转型过程中经济增速的下降;在服务化成功转型以后,经济增长在服务业的拉动下开始逐渐稳定,经济增速进入一个低于工业化时期的平稳区间。

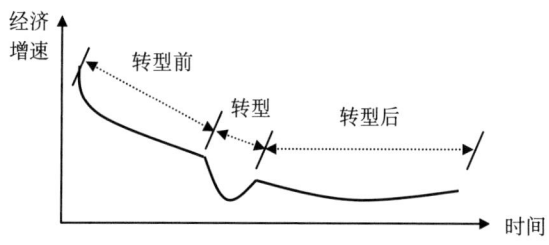

图 3-2 服务化转型时经济增长速度的变化趋势

纵观这些样本国家，还可以发现两个重要的转型特征：

一是动力转换的过程相对顺利，服务业较快地取代工业成为主导产业，从而避免了经济增长因动力机制切换而产生的短期波动；

二是服务业成为经济增长的主动力之后，在产值和就业等方面均占据主导地位，不仅有效带动经济总量的增加，而且还能够促进整个社会的人力资本、技术创新等无形资源的积累，以及经济结构的合理化与高级化，从而使得服务经济可以在一个稳定的空间内持续增长。

这两个特征也为我们对服务化经济增长的趋势是否会持续下降的理论分析提供了一定的佐证。

第二节 产业结构服务化下经济增长趋势的原因解析

样本国家经济增长的趋势特点，在一定程度上验证了从动能转换的视角所做出的理论预测，即经济增长向服务化转型过程中所表现出来的先下降而后又逐渐平稳的趋势。以下更进一步地解析经济增长趋势背后可能的原因。

一、产业结构转型过程中经济增长趋势下降的原因分析

目前学者们主要从外部冲击（三次石油危机、亚洲金融危机与国际金融危机）、产业交替、制度持续性和宏观政策等方面来解释转型过程中经济增长出现短时下降的情形[①]。其中：

（1）产业交替原因的解释大致为：三次产业密集使用的要素不同，农业和轻工业是劳动密集型产业，而重工业则是资本密集型产业，现代服务业更是技术知识密集型产业，造成产业转型升级的难度差异。劳动密集和资本密集产业都属于外延式增长，对知识技术和制度环境的要求较低，只要具备较高的储蓄率和投资率、政治稳定以及较为顺畅的生产消费转化体系等条件便可顺利实现从劳动密集向资本密集产业的升级。但是，从资本密集向知识技术密集产业转型升级的过程却相对困难多了，因为知识技术密集产业所依赖的人力资本水平和知识创造能力难以在短期内改变，也难以通过政策调控在短期内实现快速增长，于是造成人力资本与知识积累往往难以适应知识技术密集产业的发展，从而导致经济增长率的快速下降。

（2）制度方面的解释在于由于制度因素的持续性与稳定性，产业结构向后工业化转型的过程并不一定可以自发且顺利地进行，制度因素不能迅速随结构转型而变化也是造成经济增长突变的原

---

① 王金照等：《典型国家工业化历程比较与启示》，中国发展出版社2010年版。

因之一。

（3）宏观政策问题，由于在经济高速发展时期，国家为了满足发展需要而不得不转向扩张性的货币政策和向外大举借债来维护经济增长，但是经济增长最终依赖于实体经济的增长，当现有产业结构具有外延扩展的空间或是产业接替顺畅时，扩张性货币政策实际上是透支未来经济增长潜力以维持当前经济增长，而当产业结构转换不顺利时，以货币和财政政策透支经济增长的方式是不可持续的，一旦经济遇到外生冲击，则经济增长的幻觉就会瞬间破灭，经济增长出现非连续的下降（王金照等，2010）。

除上述原因外，本书认为工业与服务业在拉动经济增长方式上的差异也是经济增速短时下降的原因之一。

据前述分析，工业对经济增长的拉动是一种直接的、迅速的、立竿见影的作用过程，而服务业对经济增长的推动相对地是一种间接的、隐性的效应。当产业结构向后工业化转型时，工业在经济中的比重下降，服务业代替工业成为促进经济增长的"发动机"，但由于服务业更多的是通过间接提升其他产业生产率的途径来带动经济增长，因而在经济增长动力的切换过程中，不能即时显现出拉动作用，以致经济增长出现"断层式"地下降。因此，产业结构向后工业化的演进过程中经济增长出现短暂下降的原因可以归结为，既有各产业发展速度不同的解释，又有一国政策制度的影响，还有经济增长新旧动能转换的迟滞效应等等。

二、产业结构服务化转型下经济平稳持续增长的原因探讨

从静态上看,比较样本国家产业结构转型前后经济增长的波动空间,可以发现,服务化转型后经济增长速度显著低于转型前。究其原因,从根本上看,服务经济下经济增长的内涵发生变化,与工业经济下追求外延式的高速增长不同,服务经济更重视满足社会需求不断升级的要求、经济结构的持续优化以及各产业之间的协调发展,其以服务业为经济增长的主动力,使得对经济增速的热衷让位于经济协调持续发展与社会进步。再加上,工业化初期,经济发展水平相对不高,经济总量也相对不大,所以经济总量增加率($\Delta GDP/GDP$)相对较高,经济增长的速度也较快。进入服务化时期,经济总量基数增大,而一国平均每年的经济增加值并不会无限增大,所以相比起来,经济总量的增长率不断放缓,即是经济增长率相对下降。

从动态上看,样本国家的经济增长率没有持续下降,而是到达一个中低速区间后平稳增长。在这一变化过程中,经济增长的新动能服务业发挥着重要作用。尽管从总体上看,服务业的劳动生产率低于工业,但就服务业的细分产业来说,情况似乎并非如此。根据前一章理论分析时提出的分类方法,我们对所选的样本国家的服务业进行细分,利用 OECD 经合发展组织数据库,观察样本国家的生产性服务业、生活性服务业和公共服务业增加值在 GDP 增加值中所占的比重变化。由于数据量较

大，我们选取1990—2017年时间段并分段进行考察（见表3－2），结果发现：在这些样本国家中，生产性服务业相对其他两类服务业占有绝对优势地位，其增加值在整个国民经济中大约占到30%左右，其中英国和美国甚至接近或达到40%；生活性服务业所占比重基本在20%左右，公共服务业则略低于或基本与生活性服务业占比持平。从变化趋势来看，从20世纪90年代至今，生产性服务业一直保持平稳增长势头，生活性服务业稳中有降，而公共服务业则有上升趋势。

从这一观测结果上不难理解，这些成功转型的发达国家之所以能够保持持续平稳的增长趋势，是因为服务业新动能对服务经济的支撑作用，具体来说，首先是因为服务业中生产率较高的生产性服务业不仅在整体经济中有着举足轻重的地位，而且还能够持续增长，对全社会劳动生产率的提高发挥着至关重要的作用。其次，生活性服务业虽然劳动生产率不高，但它却是吸纳就业和保障民生的稳定器。最后，公共服务业的增长态势，有助于提高社会福利水平和人的全面发展，符合服务经济"人对人"的生产关系内涵，从而为经济增长提供持续不竭的动力。

表3-2　主要样本国家1990—2017年服务业细分产业增加值的变化

（单位：%）

细分产业	时间	美国[1]	日本	法国	意大利	西班牙	瑞典	英国	澳大利亚	加拿大[2]	荷兰	新西兰[3]	韩国
生产性服务业	1990	—	—	29.12	23.92	—	22.46	31.49	28.12	—	25.06	29.57	17.96
	1995	33.78	23.01	30.08	25.71	19.67	25.66	34.43	29.10	28.84	29.08	30.19	22.27
	2000	35.18	25.46	32.28	28.42	21.37	28.45	35.96	32.01	28.81	32.74	31.47	24.62
	2005	36.50	27.60	33.70	30.73	23.88	29.24	37.74	31.79	29.35	32.50	33.22	25.91
	2010	36.98	28.87	35.14	31.66	26.57	29.77	37.83	32.88	30.79	33.63	33.31	24.98
	2017	39.25	27.94	35.62	32.06	27.80	31.18	40.35	34.73	31.87	34.14	34.70	24.29
生活性服务业	1990	—	—	18.43	21.61	—	18.13	17.98	18.53	—	19.77	18.82	18.80
	1995	17.43	22.54	18.16	22.34	24.81	17.24	17.69	19.01	17.79	19.53	18.89	16.87
	2000	17.51	21.05	18.01	21.81	23.80	16.87	18.69	18.13	17.17	20.53	17.54	16.94
	2005	16.63	22.11	18.14	20.70	22.55	17.65	17.88	17.67	17.25	19.77	17.78	15.25
	2010	15.87	21.47	17.79	20.31	22.35	17.82	17.69	16.68	17.05	18.65	16.63	15.27
	2017	16.33	21.66	17.87	21.39	23.96	17.89	17.40	16.16	17.40	20.66	17.85	14.37

续表

细分产业	时间	美国[1]	日本	法国	意大利	西班牙	瑞典	英国	澳大利亚	加拿大[2]	荷兰	新西兰[3]	韩国
公共服务业	1990	—	—	19.37	16.62	—	22.38	16.84	16.80	—	19.65	13.82	12.62
	1995	20.62	12.87	21.53	15.58	16.54	20.90	16.39	16.67	18.72	19.21	13.06	12.74
	2000	20.01	14.06	20.74	16.03	15.96	20.35	15.74	16.82	17.60	17.62	13.69	13.38
	2005	21.03	14.17	21.42	16.81	16.11	20.93	18.09	16.67	17.69	19.70	14.59	15.57
	2010	23.41	15.34	22.42	17.59	18.62	20.71	19.55	16.92	20.06	21.34	16.41	16.29
	2017	21.96	15.60	22.49	16.55	17.99	21.44	18.25	17.86	20.21	21.02	15.68	17.12

注：(1) 由于数据的可获得性，美国 1995 年数据暂由 1997 年数据替代；

(2) 加拿大 1995 年数据由 1997 年数据替代，2017 年数据由 2015 年数据替代；

(3) 新西兰 2017 年数据由 2016 年数据替代。

资料来源：根据 OECD 数据库计算得出，OECD (2019)，Value added by activity (indicator)。OECD 数据库中未列出新加坡数据，因而表 3-2 未包含新加坡样本。

本章小结

本章以成功向服务经济转型的发达国家为样本,尝试为上一章的理论分析提供经验证据。

第一,通过观察样本国家在转型前后经济增长的变化趋势可知,经济增长经过了转型前高速增长,转型中短时下降和转型后平稳增长三个阶段。

第二,就转型过程中经济增速下降的问题进行原因解析,除了目前学者提出的短时危机冲击、产业转换、制度因素等观点外,还有本书所主张的服务业不同于工业的拉动机制。

第三,就转型后经济能够保持稳定持续增长进行分析,从服务业新动能支持的角度来看,样本国家服务业的内部结构变化说明服务业细分产业劳动生产率的差异和性质的不同,为服务经济增长提供持久稳定的推动力。

当然,世界上仍有不少转型失败的国家案例,其经济增长出现波动或长期停滞现象,背后亦有着更深层次的政治经济原因,值得深思与探讨,囿于篇幅,本书不再赘述。

第四章

产业结构转型背景下我国新旧动能转换的关键因素：基于产品内分工深化的视角

第四章 产业结构转型背景下我国新旧动能转换的关键因素：基于产品内分工深化的视角

自1978年改革开放以来，中国经济快速发展，创造了世界瞩目的辉煌奇迹。从经济总量来看，中国已经成为世界第二大经济体、第一大出口国和第二大进口国。从经济结构来看，三次产业不断发展提升，产业结构向合理化和高级化方向演进。

然而，与世界发达经济体相比，我国产业结构服务化水平较低。尽管服务业在三次产业结构中已经居于主导地位，其产值比重也已占据经济的半壁江山，但与发达国家高达70%以上的占比相较，其仍然需要发展壮大和不断提升。另外，发达经济体的工业比重虽然保持相对下降趋势，但工业发展水平和增加值却都是不断提高。在这一点上，中国工业的发展水平还远不及发达经济体的工业化水平。

目前，对处于工业化中后期的我国来说，面对发生深刻变化的国内外经济形势和不断下降的经济增长趋势，需要深入思考的问题是：原先促进经济增长的发展模式和增长动能是否还适应未来经济增长的要求？促进服务经济增长的新动能是什么？新旧动能的转换是否可以顺利进行？

第一节 中国未来经济增长动能的理论探索

聚焦中国产业结构变迁问题，改革开放30多年来以工业为主导产业的外向型发展战略，创造了中国嵌入全球价值链低端制造的"世界工厂"奇迹。目前普遍认为，中国已进入工业化中后期，其中东部沿海地区已进入工业化后期阶段。依照产业结构演进的一般趋势，中国产业结构面临着向后工业化转型的任务。Sakamoto（2011）设计多项指数研究了中国省际经济增长与产业结构之间的关系，数据显示中国产业结构的演进与发达经济体一样，按照配第-克拉克定律不断向高层次（第三产业）变迁。

随着产业结构向服务化转型升级，经济增长速度下降，促进经济增长的动能因素是否发生了改变？经济增长的新动能又在哪里呢？

一种观点认为，我国工业化进程尚未完成，工业仍是经济发展的动力引擎，把我国从工业大国建设成为工业强国，是未来相当长的一段时期内经济发展的中心内容；相对于产业间的转型升级，产业内升级特别是工业内部结构的调整，更具有现实意义，工业的长足发展会推动产业分工的深化，产业链的分解和产业间融合将拓宽服务业发展空间。中国社会科学院工业经济研究所（2009）指出，在未来相当长的时期内，工业生产仍将是我国经济增长的根本动力，传统劳动密集型产业仍是保持我国工业稳定增长的基础和提供就业岗位的重要部门；我国必须将建立层次丰富、结构完整的大国工业体系作为新型工业化的长期任务，即必须实行全方位的产业发展战略。金碚（2010）认为，2008年国际金融危机之后，中国工业发展进入了进取性与挑战性更强的复杂阶段；按照我国工业化的进程，工业化仍然具有广阔的发展空间，昭示出未来经济增长的乐观前景。他同时认为，工业发展的核心问题是，我国工业必须在国际竞争力不断提升的过程中实现关键性的创新突破。他还表明，中国工业转型升级的意义决不在于"放弃"，而是在于强化工业。工业转型升级的实质就是要从资源驱动、资本驱动的工业增长方式，转变为创新驱动的增长方式（金碚，2011）。涂正革、肖耿（2006）采用非参数生产前沿方法，以中国大中型工业企业为研究对象，研究指出中国大中型工业劳动生产率的增长，已经由20世纪90年代主要由资本积累推动向21世纪初以技术进步为主、资本积累为辅的多引擎驱动转变，显示出中国工业增长方式开始由粗放型向集约型转变的迹象。陈诗一（2011）依据1980—2008年中国工业的分行业数据统计分析指出，虽然中国工业的发展方式已经由长期以来的资本和能源要素驱动型模式向生产率不断提高的集约型方式转变，但是这种转变过程并不稳健，其中结构效应对产出的贡献份额下降较大，结构转型显得更为紧迫。而制约工业结构转型升级的因素多在于传统要素禀赋优势的减弱、资源环境的约束、自主创新不足和产能过剩等问题（陈佳贵、黄群慧，2009；金碚、吕铁、邓洲，2011）。金碚（2012）阐明中国工业化已经渡过了规模快速扩张的阶段，必须摆脱传统路径依赖，逐步实现绿色化、精致化、高端化、信息化和服务化。简言之，工业特别是制造业产业链的分解分工而向服务业的延伸，本质上是制造业文明的深化和扩展，服务业（第三产业）在统计上的比重提高也将是一个水到渠成的现象（金碚，2011、2012）。

另一种观点则认为产业结构的服务化是结构演进的总体趋势，第三产业的发展对第一和第二产业的提高有着重要的作用，对经济增长起着基础性的支撑作用，成为未来经济持续发展的动力所在。不过，中国发展相对滞后的服务业能否承担起经济增长引擎的重任，引起了学者们的研究与探索。他们综合考查服务业及其内部构成的特征，以及中国经济高速发展背景下服务业滞后的悖论，形成了不少推进经济服务化，促进服务业带动未来经济发展的相关理论成果。

经济服务化，是产业结构演化与变迁的一般规律。经济服务化被普遍看作发展中经济体迈向发达经济或后工业化经济所要经历的一个自然过程（程大中，2008），是三次产业演化规律的自然推演（高传胜、汪德华、李善同，2008），本质上是资本、劳动力和技术等生产要素从农业、制造业向服务业转移的过程（郑江淮、于春晖，2011）。服务业在经济中的比重日益增大，逐渐取代工业成为主导产业，这既是产业结构向服务化演进的客观趋势，也是经济发展中必然要出现的过程（李江帆，2004）。服务业的就业和产值比重上升，成为经济增长的主要推动力，对经济增长具有基础性的支撑作用（李勇坚、夏杰长，2009），因此，服务业能否快速发展，将在很大程度上决定未来经济增长的速度（江小涓、李辉，2004）。

第四章 产业结构转型背景下我国新旧动能转换的关键因素：基于产品内分工深化的视角

不过，Dutta（2005）曾经通过数据对比显示，中国产业结构中的农业部门产出比例随劳动生产率的上升而下降，中国GDP由于工业部门的扩张而出现大幅增加，却对服务业是否具有如此高的增长率来支撑中国整体经济增长提出了疑问。对这一疑问的分析与解答，既要从服务业的自身特征出发，也要结合当今中国经济发展实际。

首先，Baumol对服务业"成本病"的论述和判断使得学者们深入开展对中国服务业生产率及其对经济增长的意义等问题的分析与讨论。程大中（2008）从多个角度衡量中国的经济服务化趋势，结果发现以名义增加值、就业和居民服务消费支出来衡量，服务化趋势显著提高，以实际增加值来衡量并未明显变化，以服务进出口相对比重衡量则显出逆服务化的倾向。服务相对价格指数走高和劳动生产率增长相对滞后，表明中国服务业已显露出成本病迹象。他在随后的实证研究中发现，中国总体以及各省市的服务业相对价格趋于上升，提高服务业的劳动生产率和就业比例对于增加服务产出和供给有着重要意义，服务业的发展的确促进了实际的经济增长（程大中，2010）。不过，最近也有学者提出产业结构服务化所引起的"结构性减速"问题，例如袁富华（2012）采用历史统计和联合国统计数据库（UNDATA）的12个发达国家的数据，对20世纪70年代发达国家经济增长的减速与产业结构服务化之间的联系进行了分析，结果显示产业结构服务化，就业向劳动生产率较低的第三产业转移，拉低了全社会劳动生产率增长率，产生"结构性减速"等问题，并提醒中国应当注意在较低收入水平上可能发生的由产业结构服务化带来的"结构性减速"问题。吕健（2012）采用空间面板模型分地区考察了我国经济增长速度与结构性因素之间的关系，实证结果表明，东部地区经济增长已经进入"结构性减速"时代，西部地区经济增长正处于显著的"结构性加速"阶段，而中部地区经济增长则出现"加速"与"减速"并存的局面，全国整体呈现出"结构性加速"趋势；劳动生产率增速是影响经济增速的最大因素。事实上，服务业生产率除了因其非物质产出无法进行合理有效地衡量与统计之外，还因为其构成庞杂、性质差异和目标多元（江小涓，2011）而无法用一个统一的数值来简单概括，所以服务业生产率的高低也与其内部结构有很大关系。郭克莎（2000）指出，第三产业的结构优化促进了劳动生产率的稳定增长，阻止了第三产业相对生产率的较快下降；发达国家第三产业相对生产率的下降幅度明显小于发展中国家，这与发达国家中新兴服务业的较快发展和第三产业的结构优化有直接关系。在服务业构成中，生产者服务业较之消费者服务业有着更高的劳动生产率，同时也因作为中间投入进一步提高了工业的劳动生产率与竞争力，例如江静、刘志彪、于明超（2007）的研究表明生产者服务业的发展会降低制造业的生产成本，提升制造业竞争力，其中交通运输仓储和邮电通信业对劳动密集型行业影响最为明显；资本密集型行业的效率提升在很大程度上受金融保险业发展的影响；科学研究对制造业的影响具有滞后性，且对技术密集型行业的影响最大。近年来对生产者服务业的文献研究相对较多，研究视角也较为广阔，这里不再一一赘述。简言之，普遍认同的观点是，生产者服务业的比重提高，对于提升服务业劳动生产率，进而促进经济增长有着重要意义。顾乃华、夏杰长（2010）在理论分析和实证研究的基础上，认为生产性服务业的崛起对鲍莫尔—富克斯假说形成挑战，它改变了服务业比重与整体经济增长速度之间的线性关系；虽然目前中国服务业的平均生产率仍低于工业，但受生产性服务业发展的影响，随着服务业比重的提高，它们之间的相对劳动生产率差距会逐渐缩小；服务业比重与整体经济增长速度之间呈非线性关系，随着人均 GDP 的提高，服务业比重与整体经济增长速度之间的负相关关系会弱化。

其次，中国服务业"悖论"也是研究服务业与我国经济增长问题不可忽视的实际问题。学者们将中国经济高速增长与服务业发展滞后同时并存的现象称为"中国悖论"。长久以来，中国经济增长依靠外向型工业来推动，服务业比重在一个较低水平上保持稳定，这有悖于结构变动与演化的一般规律。文献研究对"中国悖论"产生的原因进行了分析，主要因素在于统计口径、专业化不足、全球分工定位、体制政策以及垄断与市场准入限制等等（江小涓、李辉，2004；高传胜、汪德华、李善同，2008；郑江淮、于春晖，2011；肖文、樊文静，2012；谭洪波、郑江淮，

2012；张月友、刘志彪，2012）。其中，特别是我国在国际分工体系中所处的低端制造环节，对服务业，特别是信息和知识密集的现代服务业的发展影响很大。一方面，国际分工定位使得我国为数众多的外向型加工贸易企业对生产者服务业的需求局限于交通运输、物流和一些国际商务服务等，对高端知识密集型的生产者服务需求非常有限，加之国外企业通过其在高端制造业上的先发优势挤占我国国内市场，导致我国生产者服务业在供给和需求上受到制约。张月友、刘志彪（2012）指出，由于我国企业处在全球价值链低端，导致我国生产者服务业供给和对我国生产者服务业的需求受到企业技术创新能力不足、高端技术人才缺乏和服务市场化程度不同、意识不强、服务市场的当地化等因素制约较大（生产者服务业"天花板效应"）。另一方面，我国企业依靠低成本比较优势生产技术含量低、替代性强的低端制造品，附加值很低，难以提高劳动力工资，难以实现消费者服务业的需求扩张和发展升级（郑江淮、于春晖，2011）。因此，破解"中国悖论"，加快服务业发展升级，推进经济服务化，不仅要关注国内经济条件和政策体制，更要结合中国所处的国际经济环境来综合考虑。

以上我们对服务业如何促进中国经济增长问题的文献作了简要的归纳梳理，值得一提的是，支持服务业作为中国经济增长动力的观点同时也并没有否认制造业的重要地位。尽管制造业在经济中的比重日益下降，但是其产值、科技含量及其对国民经济的重要性却并没有降低；以服务化为核心的产业结构体系，并不是要以服务业取代制造业，而是制造业和服务业的融合与互动，服务要素对制造环节的嵌入和提升，实现"生产性制造"向"服务型制造"的转变，进一步实现产业链的能级跃升、价值增值和增长质量的提高（陈宪，2011）。

综上所述，通过对现有文献观点的整理，我们对本节开始时提出的问题进行初步解答。

第一，根据理论分析和经验证据，我国产业结构向服务化转型是一种客观必然的趋势；原有出口导向型的发展模式已经不再适应未来经济增长的需求，依赖低成本比较优势的低端工业也不再是促进经济长期持续发展的动能。

第二，在服务化转型过程中，经济发展的方式与内涵发生变化，经济增长需要新的动能支持；而服务业作为整体经济的主导产业将成为促进服务经济持续平稳增长的新动能。

第三，对服务业新动能的理解应该是全面的，即服务业作为经济增长的新动能，却不是唯一的动能，而应是以服务业为主导，三次产业共同发力，通过产业结构的不断优化升级来推动整体经济向前发展；要正确处理工业与服务业的关系，不能将二者看作此消彼长，而应以服务业促进工业水平的提升，以高端工业发展的需求来进一步提高服务业发展层次。因而，上述有关经济增长动力的讨论尽管侧重不同，但却并没有割裂产业部门之间的联系，也没有否认产业之间良性互动对于经济增长的重要意义。

第四,基于 Baumol 理论服务业作为新动能是否会对经济增长产生消极影响等问题仍值得探讨,这与服务业的发展速度、水平层次和内部结构优化都有极大的关系。

第二节 改革开放以来中国的外向型工业化进程与产业结构的演进特点

一、改革开放以来中国外向型工业化进程

从新中国成立到改革开放前,中国主要实行的是重工业优先发展的赶超战略,投资向重工业倾斜,甚至把农业剩余作为积累发展重工业。虽然打下了比较坚实的工业基础,但却形成了"重工业太重、轻工业太轻,农业落后"的畸形产业结构,导致短缺经济的形成,人民生活水平也未得到应有的提高。

1978 年改革开放以来,中国根据本国国情和国际环境,依赖本国充裕而廉价的劳动力优势,采取了建立在比较优势理论基础上的对外开放战略,通过吸收外商直接投资和发展劳动密集型的产品出口,开创了外向型工业化加速推进的新局面。根据中国对

第四章　产业结构转型背景下我国新旧动能转换的关键因素：基于产品内分工深化的视角

外开放的特点，我们将改革开放以来工业化的进程分为两个阶段①（古惠冬，2004；王述英，2005；喆儒，2006；李欣广等，2007）。

第一个阶段是1978—2001年在单边自主和梯度渐进形式的对外开放探索下，工业化以积极发挥劳动力比较优势、扩大劳动密集型产品的世界市场份额为主要内容。这一时期，外商对华投资多半是转移劳动密集型产业，由此大量劳动密集型生产合资企业兴办起来，大量乡镇、县办企业开展了劳动密集型的对外加工业务，国有企业则以技术含量不高的加工组装方式进入了以耐用消费品为主的新产业领域。恰逢农业经济体制改革释放出来大量剩余劳动力，为劳动密集型产业的扩张提供了有利条件。至20世纪90年代初期之前，国家提出的发展消费品工业的任务得以圆满完成，中国成为劳动密集型产品的出口大国。但是，我国的装备制造工业却滞后于整个国民经济的发展，对进口的依赖性提高。90年代中期以后，我国加强了对引进外资的产业指导，增大了对机电产品发展与出口的扶持力度。中国在继续发挥劳动密集型产业优势的同时，开始向资本技术密集型产业的优势培育迈进。

第二个阶段是2001年加入世贸组织至今，在多边框架下的多领域和全方位对外开放背景下，工业化技术水平得到提高的同时我国深深地嵌入全球价值链的生产当中。这一时期中国劳动力充

---

① 另有简新华等（2009）和陈佳贵等（2007）按照产业结构，特别是工业结构的发展标准将改革开放以后中国工业化历程以1999年为界划分为两个阶段。

裕的比较优势延伸到资本、技术密集型产业以至高新技术产业之中,工业化水平有待迈上新台阶。跨国公司进入中国的速度加快,外商直接投资的结构改进,中国正在成为跨国公司全球分工体系中的重要环节。另外,提高中国产业领域的科技创新与制度创新的要求被提出。与此同时,中国开始注重利用外资与对外投资的相互平衡,提出了"走出去"的战略,一些竞争力强的企业逐渐开始尝试对外投资。

对比改革开放前后我国工业化的变化(见表4-1),外向型导向战略加速了工业化的进程,也使改革开放40多年来工业化取得显著成就。

表4-1　　　　　改革开放前后中国工业化比较

比较内容	改革开放前	改革开放后
指导理论与思想	受苏联的工业化理论的影响较多	开始摆脱东西方旧的工业化理论的束缚,代之以新型工业化理论
体制背景	计划经济	向市场经济转轨
发展战略	进口替代	出口导向
发展道路	优先发展重工业,忽视轻工业	按产业演进规律推移
动力、主体	工业化动力来自政府,主体为国有企业	以市场规律为基础,经济体制改革和创新成为工业化新的动力,主体多元化(国企、民营、外企)

续表

比较内容	改革开放前	改革开放后
主要任务、成效及问题	初步奠定工业化的基础，建立较完整的工业经济体系，二元经济结构进一步，工农关系严重失衡	告别短缺经济，工业化进入中期发展阶段；产业结构趋向优化，工农关系趋于平衡；就业结构和产值结构变动趋势趋于一致；城镇化与工业化开始同步发展
市场条件	国内市场	国内国际两个市场，走向市场一体化
国际资源配置	国内外资源配置处于分隔状态	发挥国际经济比较优势，获取比较利益
增长方式	粗放型，片面追求高速度和数量，拼资源求速度	由粗放型向集约型过渡，由资源速度型向效益速度型转变
外贸结构	出口商品以初级产品为主，进口商品以工业制成品为主	进出口商品以工业制成品为主
开放度	开放度低，处于封闭半封闭状态，内生型的工业化模式，实行高关税壁垒	对外开放，外向型、开放式的工业化模式，逐步降低关税壁垒，少数产业实行适度的贸易保护

资料来源：古惠冬：《中国的对外经贸关系与工业化的发展》，《改革与战略》，2004年第12期；李欣广等：《国际产业转移与中国工业化新路》，中国时代经济出版社2007年版，第42页。

从经济发展水平来看，我国已从一个农业经济大国转变为工业经济大国，2010 年中国的 GDP 达到了 397 983 亿元，超过了日本，成为世界第二大经济体。从经济发展速度来看，按照不变价格计算，1978 年以来，除少数年份外我国经济年增长率都高于 8%，平均增速高达 9.95%。这符合大多数工业化国家的工业化进程都经历一段经济高速增长时期的经验。国际经验表明，在长期的工业化进程中，会出现相当长的一段时间的经济高速增长，这段时间大多数国家及地区一般持续 20 多年。如韩国、中国香港和新加坡在长达 40 年的时间里取得了年均 7% 的经济增长速度（陈佳贵等，2007）。

从对外经济开放来看，我国成为世界上对外贸易和吸引外商投资的大国。从进出口贸易[①]来看，1978 年我国的货物进出口总额仅有 206.4 亿美元，2009 年我国的出口额超过德国，成为世界第一的出口大国。在贸易出口产品结构中，1980 年初级产品出口金额占出口商品总额的 50.30%；而到了 2001 年以后，工业制成品的比重却已超过 90% 且其贸易竞争指数也在逐年提高。另外，外商直接投资额自改革开放之初就不断增加，实际利用外资额从 1985 年的 19.56 亿美元增长到 1997 年亚洲金融危机前的 452.57 亿美元，此后略有下降。加入世贸组织以来，外商直接投资又开始大幅增加。尽管受到 2008 年以来国际金融危机的影响，入世以

---

① 数据来自于中国统计局《中国统计年鉴 2012》。

来FDI的年均增长率仍高达9%。[①] 据世界银行统计，中国FDI净流入占世界FDI净流入的比重从1982年的0.76%上升到2010年的13.90%，尤其是2001年入世之后中国FDI的净流入增幅更大。

改革开放以来外向型的发展战略使得工业化成果颇丰，也加速了工业化的进程。到目前为止，学界比较一致认同的是中国已经进入了工业化中期，甚至中后期阶段。依照工业化理论和国际经验来看，中国下一步将面临从工业化向服务化阶段演进。而在这一演进过程中经济发展不仅像工业化初期那样注重经济总量的增加，而且更为重要的是依赖于经济结构的合理化与高级化。

二、改革开放以来中国产业结构的变化

改革开放以来，中国的产业结构发生了很大的变化，三次产业之间的比例关系有了明显的改善。从产值结构来看（见图4-1），我国三次产业比例已经由改革开放前初期的"二、一、三"结构转变为"三、二、一"结构。其中，第一产业比重持续下降至目前的10%以下；第二产业比重稳中有升，一直保持在接近40%的比例；第三产业比重持续上升至50%左右，并于2012年超过第二产业。从就业结构来看（图4-2），三次产业的就业比例由改革开放之初的"一、二、三"结构转变为"三、二、一"

---

① 根据《中国统计年鉴2012》数据计算得出。

结构。其中，第一产业的就业比重持续下降；第二与第三产业就业比重提升；而第三产业就业比重在 1994 年超过第二产业，在 2011 年超过第一产业。可以说，随着经济发展水平的提升，我国产业结构的演进趋势较为符合配第-克拉克定律，表明我国产业结构开始逐渐从工业化走向服务化。

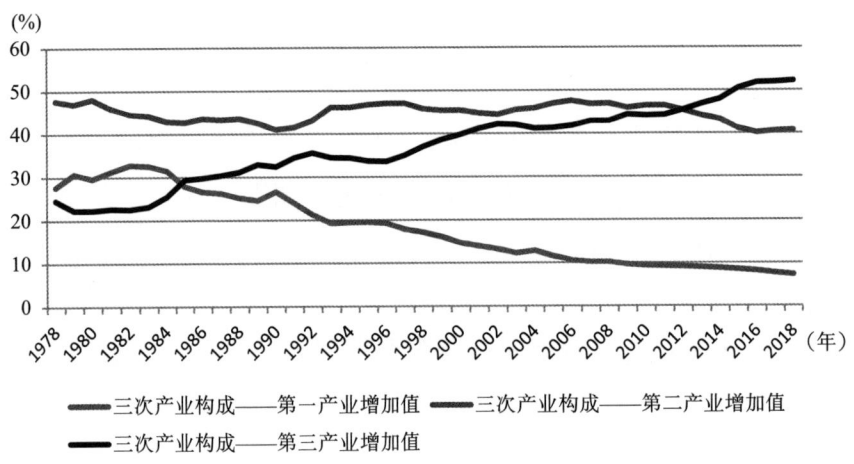

图 4-1　改革开放以来中国三次产业的产值比重变化

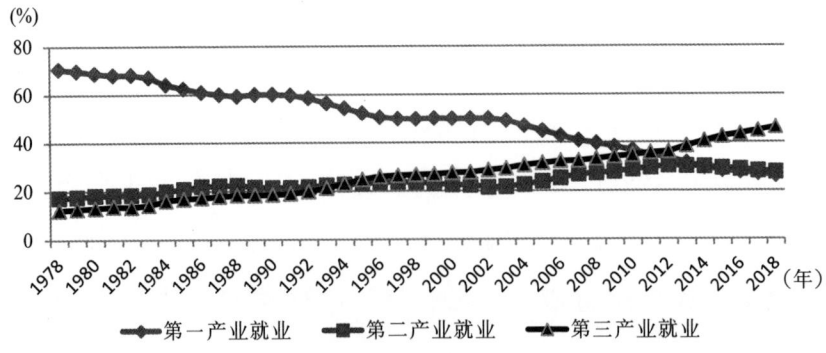

图 4-2　改革开放以来中国三次产业的就业比重变化

值得一提的是，我国三次产业结构中服务业的比重仍旧偏低。从世界各国一般规律来看，人均收入在 3 500 美元的阶段，第三产业增加值占 GDP 的比例为 60% 左右，就业比例为 65% 左右。目前中国人均收入早已超过 3 500 美元，但服务业产值比重却仅仅刚超过 50%。再根据国际经验数据[①]来看（见图 4-3），从 20 世纪 80 年代起，我国服务业增加值比重就一直低于 OECD 国家和世界平均水平，甚至低于低收入国家的水平；作为进入上中等收入的国家而言，我国与上中等收入国家的服务业比重仍有不小差距。

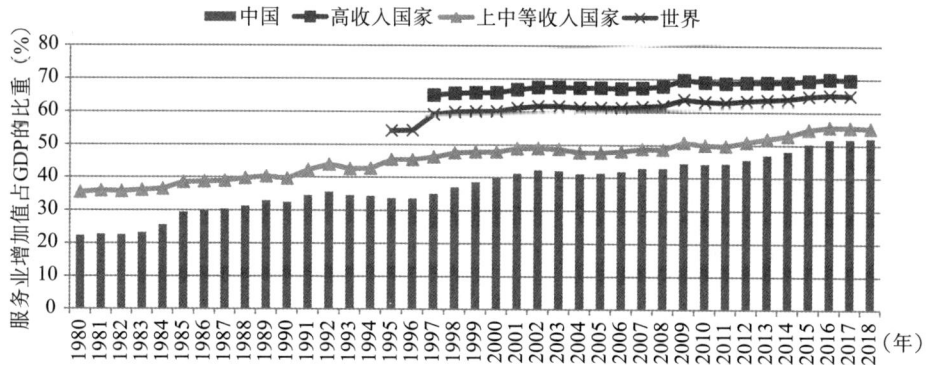

图 4-3　中国服务业增加值占 GDP 比重与世界水平的比较

---

① 数据来源于世界银行 WDI 数据库。

第三节 产品内分工的深化对我国产业结构的"锁定效应"

就一国国内而言,在产业结构向服务化转型过程中,随着社会需求的非物质化,人们对于非物质的、无形的服务产品的需求增加,服务产出的供给也越来越多,带动相关服务产业的发展壮大,吸引更多的劳动力流入服务产业,进而使得服务业在整个社会生产中所占的产值比重和就业比重提高,最终取代工业,成为主导产业和经济增长的新动能。但是在开放经济下,一国国内的经济还要受到国际经济环境的影响,其中特别是国际分工的影响更不可小觑。国际分工的演化和一国在国际分工中的地位变化将对国内生产和供给产生重要的作用,导致国内相关产业的差异化发展,进而会影响产业结构的变化。

根据我国改革开放以来产业结构的变化特点不难发现,经济高速发展,工业化水平加速,却没有带来产业结构的高级化。其中,原本应成为经济主导产业的服务业,无论与经济发展阶段还是与国际标准模式相比,中国服务业均发展滞后,服务业比重长期在低水平上徘徊不前,有悖一般规律(江小涓、李辉,2004;程大中,2004、2008;李勇坚、夏杰长,2009)。然而,若将我国置于开放经济环境下,这一有悖常规的现象或许可以得到很好的解释。我国长期处于国际分工体系底端的低技术简单加工装配环节,将国内产业结构"锁定"在低水平过度发展的工业化上,进而导致服务业发展迟缓,水平较低。

一、国际分工的演变

国际分工(International Division of Labor)是世界各国之间的生产劳动分工,是生产力发展到一定水平后,国民经济内部分工超越了国家界限而发展起来的(宗毅君,2010)。追溯国际分工的发展历程,为探知国际分工演化的一般规律和深入理解当今时代国际分工演化的新特点提供了思考路线。一般来讲,国际分工真正形成于工业革命时期。在距今两百多年的演化历程中,国际分工先后经历了四种主要形态,即基于传统工业制成品和农矿业初级产品的产业间分工形态,基于工业内部各产品部门的产业内分工,基于同一产品内部不同工序与环节的产品内分工,以及基于服务业与制造业的现代产业间分工(胡超,2012)。

在工业革命前,15 世纪末的"地理大发现"及随后的殖民地开拓,促进了手工业向工场手工业的转变,在宗主国和殖民地之间初步形成了以各国自然条件为基础的初级分工形式,但由于当时世界各国之间的联系微弱,真正意义上的国际市场并不存在,所以国际分工的体系也并未形成。18 世纪 60 年代,由英国发起而后波及西欧和北美的工业革命开启了机器大工业时代,空前提高了社会生产力与生产规模，引起供给扩张与国内市场容量相对饱和的矛盾不断激化，于是供过于求的产品走出国门的迫切需求与寻求更充足而价格低廉的原材料的强烈动机，使得国际贸易显著增加，世界各国在以西欧等先进入工业化的国家与其他农业国之间的工、农业国际分工体系下紧密地联系起来。至此，国际分工最初的形态形成，也就是以工业供给（传统工业制成品）和农业原料（农矿业初级产品）为分工的产业间分工形态。这一分工在19世纪下半叶开始的、以"电气化"为主要特征的第二次工业革命中，由于发达资本主义国家将本国相对过剩的资本输出，使得发展中国家也卷入世界资本主义生产体系而得到进一步的深化。

第二次科技革命的进程延伸到20世纪初，这时国际分工的中心由英国发展成为一组国家，发达国家之间互为市场，使得工业部门内部的国际分工得到初步发展。第二次世界大战期间及战后形成的科学技术发展高潮，促成了一系列产业部门的形成和快速发展，第三次科技革命也随之兴起。以原子能、电子计算机、空间技术和生物工程的发明和应用为主要标志的第三次科技革命，催生出一系列社会新兴的工业部门，促使社会分工的形式更加专业化、精细化、复杂化，工业内部各产业部门不断细分，同类工业产品之间的贸易大幅增加，于是形成了发达国家工业部门内部产品之间的产业内分工形态。

产业内分工的深化使得以国内市场为界限的生产已经不符合

规模经济的要求，导致产品部件生产专业化和生产工序流程的专业化，促使国际分工在世界范围内开始重新分化与组合（张纪，2009）。20世纪90年代以来，跨国公司作为国际贸易与国际分工的主导，根据各国和地区的资源禀赋优势在全球范围内进行资源优化配置，将产品制造过程中的不同工序和环节分散到不同国家进行，通过产品价值链的拆分实现了产业空间分割，促进了以同一产品内部不同价值链环节为对象的产品内分工形态[①]的形成。产品内分工打破了产品生产中的国家界限，大大提高了产品生产的深度与效率。这一分工形式目前已然成为汽车、电子、通信设备、计算机等行业跨国公司组织生产的主要方式。

随着跨国公司利用各国和地区在价值链不同环节上的禀赋差异进行全球最优区位的生产布点，价值链上的加工生产组装等制造环节就会向劳动密集的国家和地区转移，而上游研发设计和下游品牌营销等服务环节就会集中于资本、技术和知识密集的经济体。由于价值链各环节上的价值增值不同，所以各链节之间的利润分配和国际分工地位并不平等。相对而言，服务环节较制造环节有着更高的价值增值，因而在价值链中居于支配地位。在产品

[①] 对于产品生产切片式地分布于不同国家和地区的现象，已有不少理论研究成果，但是目前尚无被一致接受的统一概念，其中包括：外包（Feenstra and Hanson，1996；Grossman and Helpman，2002），片段化（Jones and Keirzkowsk，1997），生产地址分离（Ixamer，1996），产品内分工（Arndt，1997；1998），垂直专业化（Hummels，Tshii and Yi，2001），价值链分离（Krugman，1995）等。本文采用产品内分工这一名称，也会在某些章节运用价值链分工的表述，二者在本文中含义一样，意指同一种分工形态。

内分工不断深入的情况下,制造与服务环节的地位差异将会出现强化趋势(见图4-4)。

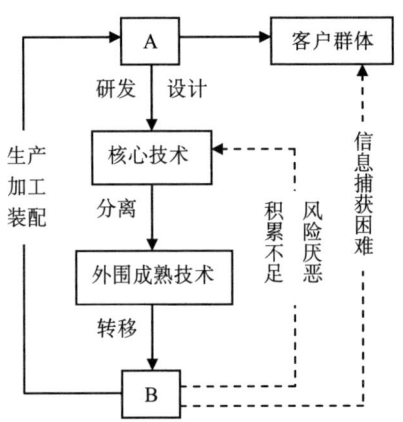

图 4-4 产品内分工深化下服务与制造环节的联系

现假设 A、B 两国分别处于产品价值链的服务与制造环节。A 国是资本技术密集型国家,而 B 国则具有丰富的劳动力资源。在产品内国际分工中,A 国通过研发设计掌握了产品的核心技术,由于劳动力资源的掣肘,A 国选择将标准化的、成熟的产品外围技术分离出去,转移到 B 国生产,一来避开本国的比较劣势,二来有效利用 B 国劳动密集的特征实现产品生产的最优配置。

B 国得到外围技术后,充分利用本国充裕的劳动力资源,进行产品的生产、加工和装配等活动,然后将制成品或已完成制造流程的半成品返回 A 国进行品牌包装,最后又 A 国将产品通过营销渠道卖给客户群体。在这一过程中,A 国从上下游服务环节获得高额的价值增值，而 B 国制造环节获得的利润较低。长此以往，由于 B 国从价值链上分配的利润较低，所以无法承担研发的巨额开支和人力资本培训的高昂花费，加上利润虽低但却稳定，因而 B 国企业也不愿冒技术创新开发的风险，而且不能从上下游产业关联程度较低的标准化外围技术中通过"干中学"效应累积技术基础，最后造成 B 国终究无缘获取具有控制权的核心技术；再者，B 国在产品制成后直接完成交货即可，不必与市场终端接触，于是营销渠道的建设就比较弱，且无法获知消费者偏好等市场信息，因而在投身品牌营销等服务上较为困难。

对 A 国的服务企业来讲，由于资本、技术和知识的持续积累，他们将保持在服务环节上的比较优势；而对 B 国企业来说，一方面制造企业将在本国的要素禀赋优势下继续承接外围技术的转移进行附加值较低的生产加工，另一方面服务企业的发展因本国市场缺乏高端服务需求与来自 A 国服务提供商的激烈竞争压力而举步维艰。因此，产品内分工的继续深化将呈现出一种服务环节与制造环节进一步专业化与固化的趋势。

进入 21 世纪以来，发达国家限于国内劳动力成本上升和资源环境约束等压力，更多地将生产制造环节以国际直接投资的方式转移到劳动力充裕的发展中国家，自身则逐步退出生产领域。传统制造业大国（例如德国和日本）与新兴工业经济体尽管依旧在制造领域占有一席之地，但它们却与发展中国家低端的简单加工装配不同，更依赖于资本技术积累向高端消费品延伸。产品内分工的深化强化和固化了各国在各自资源禀赋上的比较优势，并将制造业进一步细分，分离出生产性服务环节，从而催生出服务业和制造业在规模经济效应下积聚的现代产业间分工形态。现代产业间分工是产品内分工跨越制造业的樊篱而嬗变为制造业与服务业之间的分工（胡超，2012）。这种新的分工形态具有高度专业化，易于固化现有比较优势而导致分工地位"锁定"的特点。

综上可知，国际分工演变经历了产业间分工、产业内分工、产品内分工和现代产业间分工这四种形态，是一个连续的、不断深化的、螺旋式上升的过程。事实上，国际分工形态的更替与继起并没有严格而明确的界限，只是在不同时期国际分工体系的主流形态不同而已。例如，在当今国际分工体系下，产品内分工依然是主流形态，"制造—服务"新型现代产业间分工是在产品内分工基础上的延续，是基于产品价值链环节分工的进一步深化、细化的结果（胡超、张捷，2010）。

二、国际产品内分工深化下我国产业结构的"锁定效应"

据图4-1所显示的我国产业结构变化情况来看，从三次产业结构的动态变化来看，第一产业的产值比重从1978年的28.2%持续下降，初期降幅较大，2000年以来降幅度逐渐趋缓，2006年以后，产值比重稳定在10%左右的水平上；第二产业的比重维持在40%—50%的水平上，虽然在20世纪80年代和90年代后半期出现过下降趋势，但在随后的 90 年代前期和 2002 年以来两次出现反弹，致使第二产业的比重经过"U"形变化后，直至 2013 年才让位于第三产业；第三产业比重持续上升，在 80 年代中期超过第一产业比重，随后又在 90 年代初和 21 世纪初两个时段经历短时下降，2008 年国际金融危机之后出现上升势头，于 2013 年超过第二产业。综合三次产业结构的变动来看，第二产业的比重居高不下，第三产业的比重上升更多地来自于第一产业的比重下降，自 1985 年第三产业比重超过第一产业以来，一直未能延续赶超第二产业的势头，与第二产业的差距出现拉锯状态，于是我国"二、三、一"的产业结构特征已经保持了四分之一多世纪。直至 2008 年国际金融危机，这种拉锯状态才得以改善。为进一步反映出产业结构变动情况，我们计算了 1979—2011 年我国三次产业的结构转型系数①（见图 4-5）。从转型系数的变动趋势来看，20 世纪 80 年代产业结构的变动幅度最大，90 年代次之，21 世纪以来产业结构的变动幅度进一步下降。由图中趋势线可见，我国产业结构的变动随时间推移而存在着明显的收敛趋势。

---

① *产业结构转型系数 (ITC) 的计算公式为 (ITC = θ)：*

$$\theta = \arccos\left(\sum_{i=1}^{n} S_i(t_1) \times S_i(t_2) \bigg/ \sqrt{\sum_{i=1}^{n} S_i(t_1)^2 \times \sum_{i=1}^{n} S_i(t_2)^2}\right)$$

其中，$S_i(t_k)$ 表示在 t_k 年第 i 产业产值占 GDP 的比重，对应于 t_1 和 t_2 年 ($t_1 < t_2$) 的两个空间向量 $S(t_1)$ 和 $S(t_2)$ 之间的夹角 θ 即为在时间区间 $[t_1, t_2]$ 内的产业转型系数，θ 的最大值为 90 度（邓伟根，2006）。

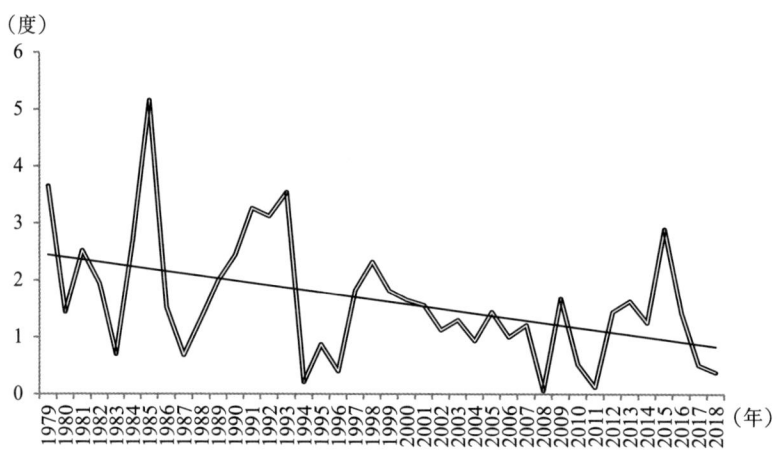

图 4-5　中国产业结构转型系数

从产业结构的变动与经济增长的关系来看，一般而言，结构变动对经济增长产生很强的"结构效应"，结构变动的速度越快，经济增长的空间越大，直至经济结构趋于合理和稳定，经济增长将会在某个时期形成相对的稳态。而中国产业结构变动的特点恰恰与此一般规律相悖。因为中国前尚处于工业化中期向后期过渡的阶段，经济在高速增长的同时，产业结构演变却陷入停滞，而这种停滞状态显然与在后工业经济成功转型过程中人均收入达到一两万美元后产业结构的相对稳定态势有着本质区别。根据张捷和周雷（2002）对新兴工业经济体的跨国研究，在人均收入达到约 6 000 美元的工业化成熟期[①]，产业结构会发生向服务经济转变

---

① 这里的人均收入采用世界银行经过购买力平价调整后的 2005 年美元计算，根据该方法的计算，中国已经在 2009 年进入工业化成熟期。

的明显趋势。如果中国目前这种产业结构在低水平上被"锁定"的状态得不到及时矫正，未来中国可能陷入"中等收入陷阱"。产业结构的停滞和扭曲往往是不合理的经济发展方式所带来的后果，而跟随结构停滞而来的，必将是经济增长动力的逐步衰竭，因为没有结构优化的经济增长是不可能长期持续的。

第四节　产业结构"锁定效应"下我国新旧动能的转换

在产业结构转型背景下，我国新旧动能的转换与发达国家转型时的情形有所不同。由于国际分工的演化，我国现在面临的"产品内分工"深化的挑战，是发达国家在20世纪转型时所未曾遇到过的。这种国际分工的新特点又极易将一国固化或锁定在其所处的国际分工环节上，而我国目前在国际分工中所扮演的低端加工装配角色，对于产业转型升级和新旧动能的转换是很不利的。一旦被锁定在价值链的低端环节，我国的产业重心将会向低端工业偏移，挤占高端工业和服务业发展所需的资源，造成经济低效运行，经济增速遭受无谓的效率损失。

在开放经济的国际分工体系下，一个经济体往往根据比较优势原理将自己的优势产品通过贸易方式出口到世界市场，而经济体外寻求获利的资本也通常以直接投资的方式进入经济体内部，集中在优势产品的生产之中。由于国际分工体系的主流形态不同，产品生产的特征与经济体在国际分工中的地位都会存在很大差异。在当今产品内分工深的国际分工体系下，产品生产细化到工序环节，居于服务提供商地位的经济体在分工体系中具有较高的支配和控制权。在国际分工演变的新特征下，我国如何促进主导产业从工业向服务业过渡，实现经济增长新旧动能的转换呢？

对转型经济体来讲，工业化进程接近尾声，物质产品的生产较服务产品的提供更加具有比较优势。而在考虑到当今国际分工中制造与服务的生产专业化与地理集聚化时，这一比较优势会因物质产品（主要是工业产品）的类型不同——资本技术密集型或劳动密集型——造成动力机制发挥作用的过程与结构演变趋势的差异。所以，我们首先按照生产过程中密集使用的要素不同将转型经济体分为两类，一类在资本技术密集的高端制造品的生产上具有比较优势，而另一类则在劳动密集的低端制造品上体现出比较优势。

若转型经济体的比较优势产品是资本技术密集的高端制造品，那么产业结构向服务化转型会因高端制造品的技术水平和附加值较高而具有较强的演进动力。从宏观来看，高端制造品的异质性强，附加价值较高，在世界市场颇具竞争力，所以高端制造品贸易出口的增加，会使得经济体的收入水平得到较快的提高，人们的需求层次会向收入弹性更高的服务产品提升，且需求量会不断增多。从微观来看，高端制造品生产企业获取的利润增加，为新技术的研发和人力资本的培养提供了相对丰富的物质基础，于是，物质生产部门的技术进步一方面产生了对高端生产性服务的需求，另一方面可以提高现有服务部门的技术水平；而人力资本数量增加与层次提升更为服务业的发展积累了宝贵的智力资源。从政策体制来看，社会对服务业的强烈需求和服务业供给水平的提高呼吁着政府的政策导向转移到关注内需和促进服务业进一步发展等内容上来。此外，软性制度环境也因服务业发展的要求而不断建设完善，为服务产品的生产、交易和消费起到一种制度性的保障作用。综合来看，内需数量扩大与结构提升的根本动力支持、技术创新与知识积累的有力支撑、以服务业为调整重心的政策推动以及制度环境建设的保障推动着经济体内部的物质生产部门进一步高端化以及服务部门的大力发展。在新型国际分工体系下，经济体将会开始逐渐转移成熟的外围技术，集中主要精力用于技术的研发，同时更加专业化地提供生产性和消费性服务产品，最终迈向产品价值链的"服务"一端，实现产业结构服务化，以服务业取代工业成为经济增长的新动能。

若转型经济体在低端制造品上具有比较优势，那么其产业结构向服务化演进的过程将会因为动力不足而延缓下来，而且可能会因新型"制造—服务"分工陷于制造环节的"锁定"状态。由于劳动密集的低端制造品技术含量不高，同质性强，附加值较低，所以在激烈的市场竞争中所获收益不大。为了维持低端产品的比较优势，劳动力成本的压缩就成为可选途径之一。如此一来，国民收入的提高就受到限制，进而造成内需结构进一步向非物质性服务提升的空间比较有限，国内对消费性服务的需求无法继续扩大。这种比较优势维持下去，企业利润过低，一方面，无法进行风险高投资大的新技术研发而受制于掌握上游核心技术的经济体，依靠承接标准化的外围技术进行生产，而这些外围技术相对成熟，技术溢出效应较弱，使得企业无法通过"干中学"来加强技术和知识的积累来间接获得技术创新的灵感，同时技术界面标准化造成产业间关联交流较弱影响高端生产性服务业需求的扩张，至多也只是带动了交通物流和一些相关商务服务的发展；另一方面，无法进行人力资本的培训来提高劳动者素质、累积知识资本，进而难以提高制造品的知识含量以及奠定服务业发展的智力基础。此外，由于物质资本投入和劳动力投入不同于知识技术投入，它们具有明显的边际收益递减作用，因此低端制造优势的维持，将需要更多的资金与劳动力投入，从而对服务业所需的物质资源造成较为严重的挤出效应。

归结起来，低端制造品比较优势的持续，贸易出口的过度扩张，使得内需发展动力不足引致服务需求进一步扩张受限。知识技术等因素也未能对服务产品的供给提供有力支撑。另有，政府因服务业供需不足而对政策体制的调整有心无力，制度环境的建设也由于物质生产层次较低和服务业发展动力不足而进展缓慢。在当今新型国际分工体系下，延续低端制造的比较优势将会使经济体定位和固化于附加值极低的生产制造环节，在整个产品价值链中居于被支配的地位，长此下去，物质生产部门的技术水平得不到快速提升，服务业部门的发展速度不断减缓，产业结构向服务化演进的速度也将会停滞下来，新旧动能之间的转换无法顺利实现，经济增长将遭受无谓的效率损失，呈现持续下降趋势。

在新型国际分工形态下，我们依据比较优势的差异对上述两类经济体产业结构向服务化演进的过程做了分析。由于新型国际分工对产品价值链的制造和服务环节产生的集聚与固化趋势，容易造成低端劳动密集型产品的生产过度而导致经济体在"制造"环节的锁定倾向，不利于产业结构向服务化的过渡转型。不过，一国或地区的比较优势并不是一成不变的，国内禀赋结构的变化与全球经济环境的变化等都是比较优势变动的内外部因素条件，从而对产业结构的演变也产生重要的影响。

因此，我国新旧动能的转换要破解产业结构"锁定"所带来的阻碍。从国内来看，我们要更多地关注国内需求层次的提升，通过供给侧结构性改革，提高供给的质量和水平；在国内要素成本上升的压力下，推动高端产业发展，减少低端产业和过剩产能行业扩张对服务业发展所需资源的挤占效应；正确处理工业与服务业的关系，促进高端工业发展与服务业提升的良性互动作用，推动服务业向高水平方向发展，更进一步地为工业和其他产业提供相关服务，并进而提升整个社会的劳动生产率；要积极制定有助于服务业发展的相关政策制度，有效发挥服务业的新动能作用；

最后，要加速培养和积累人力资本，提高技能人才比例，加速知识能力凝聚，使人力资本成为推动新旧动能接续转换的不竭动力和重要保障。从国际上看，我们要努力改变现有国际分工的地位，争取向高附加值的价值链两端攀升，摆脱低端"加工厂"的束缚。

本章小结

本章立足中国实际，首先回顾了现有文献对中国产业结构转型过程中经济增长动力的不同观点，结合理论与实际经验分析，指出服务业是未来中国经济增长的新动能，新旧动能的转换是客观必然的趋势。但对于新动能的理解应当是全面的，即不应割裂三次产业之间的关联，不应否定工业的支持作用，而是正确处理工业与服务业的关系，促进二者的良性互动发展。

其次，观察我国改革开放以来外向型工业化的发展和产业结构演进的特点，结果发现，我国产业结构竟然在经济高速发展时期出现收敛趋势。

再次，选取国际分工的视角，让我们认识到在产业结构转型过程中，新旧动能的转换并不是自然发生的。一国所处的国际分工状态和在国际分工中的地位往往会影响新旧动能转换是否可以顺利进行。通过分析国际分工的发展历史和最新的国际分工特点可知，当今产品内分工的深化极易使一国被锁定于自身所处的价值链分工环节。

由于我国处在价值链底端的加工装配环节——能耗高、技术水平低、附加值低，若被"锁定"，则会从供给和需求两方面导致产业结构转型不利,新旧动能无法顺利转换。因此,若要实现新旧动能的转换,促进我国未来经济长期持续发展,必须从国内和国外两方面发力,通过供给侧结构性改革和价值链攀升,打破"锁定",推动转型升级。

第五章

产业结构转型背景下我国经济增长新动能的培育与发展

国家统计局在以新产业、新业态、新商业模式为主要内容的统计指标体系基础上，测算了我国 2015—2018 年的经济发展新动能指数。以 2014 年为 100，2015—2018 年我国经济发展新动能指数分别为 123.5、156.7、210.1 和 270.3，分别比上年增长 23.5%、26.9%、34.1% 和 28.7%，保持较快的增长势头。其中，经济发展新动能指数包含五个分类指数，即网络经济指数、创新驱动指数、转型升级指数、经济活力指数和知识能力指数。这五个分类指数在 2018 年也实现了不同程度的提高，其中网络经济指数更是比上年增长 67.2%，对总指数增长的贡献率高达 80.8%。这些数据表明，我国新动能在持续发展壮大，且增长速度较快；同时在形成新动能的各因素中，互联网的发展和依托网络而新兴起来的新模式、新业态所产生的影响力较大。

根据我国经济发展新动能指数，结合本书的理论分析，我们认为，对目前新旧动能转换中的新动能的理解应当是全面的，不仅限于某个产业，而是基于互联网、移动通信、大数据、智能化等新趋势所推动的以服务业为主导的产业新发展与新活力。

按照中央经济工作会议提出的"巩固、增强、提升、畅通"的要求，2019 年将加快推进结构性改革和开放创新，继续推进服务业市场准入改革，加快建立和完善事中事后监管体制机制，加大基础设施投资和营商环境优化，进一步完善政策支持体系，有利于加快释放市场活力和创新动力，进一步培育壮大服务业新动能，促进服务业发展扩量增质，为实现国民经济持续稳定增长提供日益强大的"稳定器"和新的发展动力。

由于服务业细分产业异质性强,服务业内不同行业效率提升速度差异较大,例如,通信与信息领域的技术进步速度较快,企业生产效率容易提高,而居民服务或公共服务行业主要依靠劳动力投入,很难依靠引进先进设备在短期内提高生产效率。但是,服务业中的教育、设计、研发、金融等行业却能对其他行业的产业链扩张、人力资本提升、商业模式创新等发挥重要作用,促进其他行业的全要素生产率提高。因此,我们将服务业按照前述的分类标准,从生产性服务业、生活性服务业和公共服务业三方面分类讨论新动能的培育和发展。

第一节 我国生产性服务业的新动能培育与发展

生产性服务业是服务业中劳动生产率最高的细分产业。相比于其他服务业,其与制造业的联系更加紧密。培育生产性服务业发展的新动能,不仅有助于提高我国服务业整体的劳动生产率,也有利于提升我国制造业的发展水平,进而对生产性服务提出更高的需求,促进生产性服务业向更高水平跃升。根据我国统计局最新的划分标准《生产性服务业统计分类(2019)》,生产性服务业具体包括:为生产活动提供的研发设计与其他技术服务，货物运输、通用航空生产、仓储和邮政快递服务，信息服务，金融服务，节能与环保服务，生产性租赁服务，商务服务，人力资源管理与职业教育培训服务，批发与贸易经纪代理服务，生产性支持服务。下面我们根据"三新"（新产业、新业态、新商业模式）的要求选取四类重点行业来探讨生产性服务业的新动能培养。

一、生产性服务业的新兴产业动能培育

生产性服务业的新兴产业以信息传输、软件和信息技术服务业，租赁和商务服务业为代表。基于云计算、大数据、区块链等先进技术的信息传输、软件和信息技术服务业，使得新产品、新服务和新应用加速发展，催生出企业新业态、新模式，同时加强与传统制造业融合发展，促进制造业向智能制造方向发展，推动价值链分工的定位不断向高端攀升，为经济增长注入新的强劲动力。而租赁和商务服务业中，现代租赁业通过创新融资新模式，提供多样化的融资租赁产品，在有效解决资金不足和引进先进技术设备等方面发挥着重要作用；呈现出知识密集型特征的商务服务业，对促进经济高质量发展，转变粗放型的经济发展方式具有重要意义。2019年前三个季度，信息传输、软件和信息技术服务业，租赁和商务服务业生产指数同比分别增长21.8%和8.4%，增速分别快于全国服务业生产指数14.8和1.4个百分点；1—8月，规模以上信息传输、软件和信息技术服务业，租赁和商务服

务业营业收入同比分别增长12.6%和10.6%，分别高于全部规模以上服务业企业营业收入同比增速3.1和1.1个百分点。

培育新兴产业作为新动能，要从三方面着手：

一是增加对新兴产业的投入；

二是制定有利于新兴产业发展的利好政策；

三是建设良好的法律制度软环境。

二、金融业的新动能培育

金融业是现代经济运行的核心。培育金融业新动能，不仅有助于增加金融供给，提高金融供给质量，满足社会金融需求升级的需要，而且使得金融服务于实体经济的能力增强，推动实体经济向高端发展。

大数据、云计算、人工智能和区块链等先进科技在金融领域的应用，不仅使传统金融业在实际服务和金融管理中提高金融服务的质量和水平，而且还催生出互联网金融、消费金融、智能银行等金融新业态新模式，进一步增加金融有效供给，为社会经济发展注入新动能的力量。

金融业新动能的培育不能在一个封闭的环境下进行，应当在深入推进金融业扩大开放的背景下进行。

积极推进金融市场对外开放，加快与国际市场接轨，是驱动金融业发展壮大的重要力量。目前，我国金融业正以前所未有的格局和力度迈出对外开放的新步伐，目标是要将中国金融体系打造成为具有竞争力的、能够与中国经济规模和影响力相匹配的金融体系。而在这一目标的实现过程中，我国金融业可以进一步推动金融产品和技术创新，积极发展新业态、新模式，在新一轮金融开放中培养和集聚金融业新动能。

三、交通运输业的新动能培育

改革开放以来，我国交通运输领域发生历史性变化，交通基础设施加速成网，运输服务能力连上台阶，创新引领邮电通信业跨越式发展，综合通信能力显著提升，邮政新业务不断拓展，为经济发展注入新动能。

其中，特别是通信领域的互联网与实体经济深度融合，为新经济发展增添活力。互联网和经济社会各领域跨界融合，催生一系列"互联网＋"经济新业态，为国民经济增长注入新动力。云计算、工业互联网成为驱动企业数字化转型的重要动力，大型互联网平台企业持续通过互联网、大数据、云计算、人工智能等技术赋能实体经济，形成一批行业领先的工业互联网平台。数字消费持续释放居民需求潜力。

培育交通领域的新动能，未来着力建设绿色交通、智慧交通等方面，还要注意日益突出的网络和信息安全问题等。

四、人力资源培训服务的新动能培育

人力资源培训新动能应当与企业实际相对接，着力进行应用

型、技能型人才的培养。同时,"互联网+"和人工智能的兴起,也为人才培养指明了方向。目前,我国高智能人才缺乏,开发适应新科技发展的人才培养模式,为培育人才新动能发力,努力发挥人力资源在社会生产中的动力支持作用。

第二节 我国生活性服务业的新动能培育与发展

我国生活性服务业新动能的培育,要抓住"互联网+"和网络经济平台的发展机遇,以信息化、智能化等新形式改善民生,为人民大众提供更多、更便利的社会生活服务。

党的十九大报告中指出,我国社会主要矛盾已经转化为人民日益增长的美好生活需要和不平衡不充分的发展之间的矛盾。我国城乡居民对于提升生活质量和消费结构有着强烈的需求,因此,如何发展提升生活性服务业,满足人民群众不断升级的高端需求,成为具有重要现实意义的课题。通过发展生活性服务业新动能,对生活性服务业进行提质扩容,在医疗健康、养老、旅游、体育、文化、家庭服务等创新发展模式,保障和改善民生,推动我国经济高质量发展。

第三节　我国公共服务业的新动能培育与发展

公共服务业以提供准公共产品为主体，与营利性的生产性服务业和生活性服务业不同，但是其对经济增长的支持保障作用不可忽视。以大数据、信息化、人工智能等方式改善或提高公共服务质量和水平，培育公共服务业新动能，不仅为经济增长提供助力，也通过提高人民的公共服务供给而保障社会经济的稳定。

第四节　我国先进制造业的新动能培育与发展

以服务业为主导的新动能没有否定制造业的先进性对于经济增长动能的重要作用。相反，先进制造业发展的新动能也正是以服务业为主导的新动能体系的重要组成部分。服务业与制造业从来都不是此消彼长的关系，而是协同互动的关系。促进制造业向中高端迈进，发挥先进制造业的新动能作用，对未来经济持续发展将大为有利。

目前，先进制造业的新动能作用已经开始显现。据统计数据显示，2019年1—8月，高技术制造业增加值同比增长8.4%，比全部规模以上工业快2.8个百分点；其中，医疗仪器设备及机械制造业、电子及通信设备制造业增加值分别增长12.3%和10.4%。现代服务业发展较快。1—7月，规模以上高技术服务业企业营业收入同比增长12.0%，快于全部规模以上服务业2.4个百分点。新产品层出不穷。具有高技术含量和附加值、符合消费升级需求的新产品保持较快增长。8月份，3D打印设备、智能手环、充电桩、智能手表产量同比分别增长152.9%、74.2%、58.6%和51.8%。

本章小结

本章以我国培育经济增长新动能为主要内容，强调新动能的理解应当全面而准确。以服务业为主导的新动能体系，不仅要培育服务业新动能，还要积极发展与服务业协同互动的先进制造业新动能。而且，服务业新动能的培养，不能一概而论，应当看到服务业细分各产业的异质性，分类对服务业进行动能培育和发展。通过建设以服务业为主导的新动能体系，来促进未来经济长期平稳持续健康发展。

结 语

结　语

国际金融危机之后，自 2011 年开始，我国经济增长告别两位数的增长速度，逐渐放缓，下行压力加大。近五年来，我国 GDP 的增速一直低于 7%，且逐年下降。在全球经济低迷和国内要素禀赋变化的双重压力下，我国经济增速持续下降，引发人们对未来经济可持续增长的担忧。让我们深入思考的问题是，经济增长的动力在哪里？

改革开放初期开始，促进我国经济高速发展的外向型发展模式和低成本比较优势是否还能促进目前新常态下经济的长期可持续发展；在国内外形势发生深刻变化，新一轮技术革命展开的前提下，未来经济增长的新动能在哪里；如何实现我国新旧动能的转换，来促进经济平稳持续增长等问题，都是研究当今中国经济增长不可回避的问题，也是具有较高学术理论价值和强烈现实意义的重点问题。

一、总结

本书立足我国经济发展的客观实际与出现的新特征、新变化，研究新形势下我国经济增长的新旧动能转换问题。新旧动能转换的背景是国际金融危机后世界经济形势的变化和我国国内经济条件的变化，以及我国经济当前所处的发展阶段等；新旧动能转换的条件是产业结构的合理化与高级化，即产业结构由工业化向服务化演进。因此，我们首先从服务化入手，研究分析服务化社会的内涵与服务经济的基本特征，找出产业结构服务化阶段促进经济增长的新动力,即服务业将取代工业成为经济主导产业和经济增长的主引擎。于是,服务业成为经济增长的新动能以及新旧动能的转换便成为一种客观必然的趋势。

接着要回答的问题是新旧动能的转换会对经济增长产生怎样的影响。根据理论分析和实际经验,服务化时期的经济增长呈现出先下降后平稳的变化趋势;在这一变化过程中,人们对新旧动能转换和服务业新动能所起的作用存在认识上的分歧。这种分歧主要是基于服务业非物质性、无形性和具有较强外部性的基本特征,受到传统的劳动生产率研究视角的影响。本书认为从供给层面的劳动生产率角度去分析服务业对经济增长的影响有待商榷,于是从中观产业层面出发,比较工业与服务业对经济增长不同的拉动机制来探讨服务业作为新动能对经济平稳持续增长的作用与意义。

然后,我们将目光转向国内发展现状,通过回顾工业化进程的历史和已有文献对于中国未来经济增长动能的讨论,发现中国问题并不是一个封闭的问题,要置于开放经济环境下进行分析。选取国际分工的角度,以我国在国际分工格局中的地位来解析产业结构的变迁及其对经济增长的影响。随着国际分工的演化和当今产品内分工的深化,我国经济发展中出现产业结构演化停滞与经济高速增长并存的一种"悖论"。在这一悖论下,我们发现产业结构极易被"锁定"在低端制造环节,不利于产业结构向服务化演进和新旧动能的顺利转换。最后,我们从破解价值链"锁定"的角度来研究新旧动能转换以及新动能培养等问题,以期发挥其对未来经济可持续增长的积极作用。

二、对我国新旧动能转换和未来经济增长的启示

(一) 正确看待我国当前经济增速的下降,要结合产业结构等其他经济指标综合考量

就动力机制转换的理论研究来看,服务化时期经济增速下降是一种客观趋势。我国当前处于工业化中后期阶段,经济增长的动力机制也将进行转换以适应服务经济发展的要求,因此经济增长速度出现下降现象也较为符合理论分析结果。不过,要进一步判断经济增速的下降究竟是否在合理范围内,是否对长期经济增长有消极影响,就不能单单只看 GDP 增速一项指标,而是要将经济结构、相关宏观经济指标等因素综合起来考察。从 2019 年国家统计局公布的数据来看,三次产业持续发展,产业结构不断优化,其中服务业增加值占比高达 54.9%,在经济中占据主导优势地位,其对经济增长的贡献率为 60.3%,高于工业 23.2 个百分点;再加上消费、投资与进出口这"三驾马车"运行平稳;同时就业总体平稳、物价基本稳定和人均可支配收入稳步增长等。综合这些宏观经济指标来看,国民经济 6.3% 的增速是一个较为合理的、平稳的速度。尽管经济增速延续之前的下降趋势,但基于产业动力转换和经济下行的压力,特别是放眼全球经济来看,当前的经济增速在世界主要经济体中仍是名列前茅的速度。

（二）促进我国经济增长动力机制的顺利转换，破解全球价值链的低端"锁定"效应

从理论上讲，服务经济的增长速度趋于下降属于常态，但应当注意的是，这一下降并不包含因动力机制转换困难所导致的效率损失。就经济体转型经验来看，主导产业交替和动力转换过程的顺利与否，将关系到经济增长是否可以尽快进入到平稳增长的空间。而我国经济增长动力的顺利切换，还要与外部经济环境联系起来。在开放经济下，随着国际分工的深化，在全球价值链体系中所处的地位使得我国长期处于低端加工装配的环节，从而导致我国的产业结构被"锁定"于低水平的过度工业化，即工业因缺乏自主创新和核心技术而错失向高端发展的机遇，而服务业又因低端工业过度扩张的资源"挤出"效应而得不到发展壮大。因此，要想实现服务化时期经济增长动力的顺利转换，就要破解这一"锁定"效应，积极向价值链高端攀升，使得工业能够为经济增长提供强大的支撑力，服务业可以顺利接替工业而担当起经济增长主动力的重任。

（三）支持服务业发展壮大，加速培育经济增长新动能

理论上，服务业对经济增长的"双重"拉动机制发挥着"稳定器"的作用，对服务经济的长期稳定增长做出贡献。转型经济体的实践经验也印证了这一点,即服务经济要实现可持续稳定增长,离不开服务业的不断发展与新动能的发掘培养。自新中国成立以来,我国服务业规模日益壮大,综合实力不断增强,其在国内生产总值中的比重不断提升,2012年超过工业占比成为我国经济的第一大产业。2015年,服务业的产值占比超过50%,2018年达到52.2%,占据国民经济的半壁江山。特别是党的十八大以来,服务业的新产业、新业态层出不穷,新动能不断成长,2015—2018年我国经济发展新动能指数连年提高,保持较快增长势头。不过,与发达经济体相比,我国服务业在产值、就业占比上仍有差距,存在较大的提升空间;在内部结构优化升级方面,生产性服务业仍需快速成长以支撑制造业转型升级,公共服务业也需不断发展以提升我国公共服务质量和水平,互联网经济等新兴产业、新业态更需加速发展以发掘和培育经济增长新动能。

(四) 正确处理工业与服务业的关系,不可忽视高端工业对经济增长的强大支撑作用

服务业取代工业成为主导产业,并不意味着工业对经济增长的贡献被忽视。在服务化时期,工业仍然是整个社会科学技术进步的源泉,也是提高服务业技术水平的基础,更是促进经济增长的强大支撑力。工业与服务业并不是此消彼长的关系,服务业引导技术变革的方向,而工业则通过实现技术革新来提高服务业,乃至整个社会经济部门的劳动生产率。实践经验表明,服务业规模的扩大和水平的提高不是发达国家经济增长的唯一动力。相对地，强大的工业，特别是先进制造业为经济增长做出巨大的贡献。正因如此，我国要在服务化时期保持经济稳定增长，既要靠主动力服务业的发展壮大，也要推动工业向价值链中高端领域迈进，更要处理好工业与服务业的协调互动关系。

三、政策建议

传统以发展低端劳动密集型制造业的外向型工业化政策导向应当逐渐转移到继续深化开放体系、优化开放结构和建设国内市场等方面上来。适度摆脱现有价值链分工体系的低端束缚，有利于我国争取和积累有助于产业结构高级化演进的动力因素。将制造业开放转变为制造业与服务业对称开放，逐步放宽服务业开放范围，适度调整开放体系结构，适应我国经济发展阶段的现实要求。由于外需市场不振的倒逼压力和产业结构向后工业化转型的内在要求，国内市场的开拓会为宏观经济和企业发展注入新的活力。内需市场的形成与扩大，可以促进消费需求结构升级进而产业结构向服务化的演变。而内销市场的建设与完善对外向型企业构建国内价值链、提升核心竞争力进而实现转型升级发挥着有力的推动作用。具体的政策着力点可以归结为：

（一）着力设计以服务业发展为核心的政策体系，打破旧有体制"滞后"的约束

我国改革开放以来促进外向型工业化的政策体系主要是依托要素禀赋优势以鼓励物质资本投入、加速非农劳动力转移和出口优惠等措施引导制造业部门的扩张，而在当今要素禀赋结构随工业化进程发生改变的情形下，这些政策措施的作用效果便被大打折扣。在产业结构进一步转型升级过程中，以低端外向型制造业为轴心的政策体系不能有效推进知识技术密集型的服务业发展，需要根据服务业的基本特征量身设计新的政策措施，且这一措施还要考虑服务业内部结构的特点在发展次序上进行规划。例如，金融、保险、物流等现代生产性服务业可以在市场机制的调节下运作，但是医疗、教育、养老、保障性住房等准公共服务业却不能依托市场的基础性配置作用，需要在政府政策支持下得到优先发展，以满足居民对核心消费品的需求①，解除其后顾之忧，降低其储蓄倾向，通过准公共服务来带动私人服务。再有，旧有体制对服务部门的垄断保护应被打破，适时引入竞争机制，降低服务业准入门槛，支持民间资本进入，增加服务产品供给并提高供

---

① 居民消费可分为核心消费（住房、教育、医疗和社保等）、日常消费（生活必需品消费）和追求愉悦型消费（文化消费、享受型消费等）。其中核心消费的成本直接影响日常消费和追求愉悦型消费的数量。核心消费的支出比例太大，会挤压用于后两种消费的可支配收入，导致居民消费需求不足。

给质量。

（二）着力营建优良的制度环境，为服务业扩张提供制度性保障，也为我国国内市场建设奠定坚实的制度性基础

服务业是制度敏感型的产业部门，促进国内产业结构向服务化转变，完善的法律制度、诚实互信的市场信用环境对于保障服务业的顺利发展大有裨益。对我国转型的外向型企业而言，国内制度环境的建设有助于企业自身关键能力的提升，例如，知识产权保护制度的建设与完善，能够有效保护企业技术创新的积极性，不致使企业巨额的研发投入因技术模仿较强的市场环境而得不到应有的投资回报；环境规制门槛的提高，可以促使企业高耗能、高污染的粗放型生产模式向低碳化、集约化的模式转变；市场竞争机制的维护，打破了地方保护主义的限制，降低了企业营建销售渠道的成本。

（三）着力为我国企业转型升级提供更多的融资帮助、技术支持和人才培训机会

我国低端制造企业利润较低，进行转型升级时常常面临资金实力不足的困难，加上这些企业大多是中小型企业，通过银行融资的能力较差，而我国的民间借贷运作机制不成熟，使得大多数企业融资渠道不畅，无法及时顺利地实现转型升级。所以，政府应为企业营造良好的融资环境，规范民间借贷，促进银行贷款帮扶，特别是针对中小企业，出台相应的融资政策支持，为其转型发展提供更多的融资帮助。再者，企业进行技术革新的积极性，不仅有赖于政府对其创新成果的保护，也依靠政府对企业技术创新的鼓励和支持——物质奖励、创新平台建设以及加强产学研合作等等。此外，人力资本的重要性突出地反映在物质生产和服务提供的各经济部门之中，企业除自身进行更多的在职培训，加强培训力度外，也需要政府大力开展职业教育，提高劳动者技术素质，一方面加速滞留在传统制造业部门中的劳动力向服务部门转移，另一方面则满足企业转型升级后对劳动力技能的更高需求。实际上，企业技术升级与人力资本的提升是同步推进的，例如高技术的机器设备也需要高技能的人才去操作、管理和维护，中国在转型升级过程中遇到的"民工荒"困境便是很好的证明。转型时期的"民工荒"已不再是制造业初期扩张时劳动力数量不足的问题，而是企业技术水平提升后对高素质人才的需求扩大与劳动力技能水平普遍较低的矛盾，因此，政府着力进行人力资本的培养，使得更多的蓝领工人跃升为金领饭碗。

总之，我国当前的经济增速下降是在向服务化转型过程中发生的，符合理论预期与实际经验。通过考量综合宏观经济指标发现，经济增速仍运行在合理区间；且考虑到世界经济下行的压力，这一增速在全球经济体中仍居前列。未来我国经济增长是否会继续放缓，将取决于转型过程是否顺利以及转型之后新的动力机制能否有效运行。也即是说，努力推进产业结构转型，破解我国在全球价值链上的低端"锁定"效应,减少向服务化转型的阻力;同时,促进服务业规模扩张与水平提升,加速培育经济增长的新动能,支持工业提质增效向价值链中高端攀升等,将成为推动我国未来经济向持续稳定方向发展的重要举措。

参考文献

［1］Acemoglu, D. and Guerrieri, V., 2008."Capital Deepening and Non - Balanced Economic Growth", Journal of Political Economy, 116（3）: 467 -498.

［2］Akin, C and Kose, M. A., 2007."Changing Nature of North - South Linkages: Stylized Facts and Explanations", IMF Working Paper.

［3］Altman, M., 2001."Culture, Human Agency, and Economic Theory: Culture as a Determinant of Material Welfare", Journal of Socio -Economics, 30: 379 -391.

［4］Amable B., 2000."International Specialisation and Growth", Structural Change and Economic Dynamics, 11: 413 -431.

［5］Amiti, M. and C. Freund., 2007."An Anatomy of China's Trade Growth", Paper presented for the Trade Conference, IMF.

[6] "Australia – China Free Trade Agreement Joint Feasibility Study", 2005. Department of Foreign Affairs and Trade, Australian Government.

[7] Bala, V. and Ngo Van Long, 2004. "International Trade and Cultural Diversity: A Model of Preference Selection", CESifo Working Paper, No. 1242.

[8] Barrientos, S. , Gereffi, G. , and Rossi, A. , 2011. "Economic and Social Upgrading in Global Production Networks: A New Paradigm for a Changing World", International Labour Review, 150: 319 –340.

[9] Bas, M. , 2012. "Technology Adoption, Export Status, and Skill Upgrading: Theory and Evidence", Review of International Economics, 20 (2): 315 –331.

[10] Baumol, W. J. , 1967, "Macroeconomics of Unbalanced Growth: The Anatomy of Urban Crisis", American Economic Review, 57: 415 –426.

[11] Baumol, W. J. , Blackman, S. B. , and Wolff, E. N. , 1985, "Unbalanced Growth Revisited: Asymptotic Stagnancy and New Evidence", American Economic Review, 75 (4): 806 –817.

[12] Boppart, T. , 2010. "Engel's Law and Growth with Directed Technical Change", Paper presented at the conference on Dynamics, Economic Growth, and International Trade (DEGIT XV),

Frankfurt am Main, Germany.

[13] Bosworth, B., Collins, S. M., 2008. "Accounting for Growth: ComparingChina and India", Journal of Economic Perspectives, 22: 45 −66.

[14] Brandt, L., Thun, E., 2010. "The Fight for the Middle: Upgrading, Competition, and Industrial Development in China", World Development, 38: 1555 −1574.

[15] Buera, F. J. and Kaboski, J. P., 2009. "The Rise of Service Economy", NBER Working Paper, No. 14822.

[16] Buera, F. J. and Kaboski, J. P., 2012. "Scale and the Origins of Structural Change", Journal of Economic Theory, 147: 684 − 712.

[17] Casares, E. R., 2007. "Productivity, Structural Change in Employment and Economic Growth", Estudios Económicos, 22 (2): 335 −355.

[18] Caselli, F. and Coleman J., 2001. "The U. S. Structural Transformation and Regional Convergence: A Reinterpretation", Journal of Political Economy, 109 (3): 584 −617.

[19] Chakravarty, S., Mitra, A., 2008. "Is Industry still the Engine of Growth? An Econometric Study of the Organized Sector Employment inIndia", Journal of Policy Modeling, 31: 22 −35.

[20] Chen Ling, Xue Lan, 2010. "Global Production Network

and the Upgrading of China's Integrated Circuit Industry", China & World Economy, 18: 109 -126.

[21] Chen Shiyi, Jefferson, G. H. , Zhang Jun, 2011. "Structural Change, Productivity Growth and Industrial Transformation in China", China Economic Review, 22: 133 -150.

[22] Chenery, H. , 1960. "Patterns of Industrial Growth". American Economic Review, 50 (4): 624 -654.

[23] Christopherson, S. , 2006. "Behind the Scenes: How Transnational Firms are Constructing A New International Division of Labor in Media Work", Geoforum, 37: 739 -751.

[24] Clark, C. , 1940. "The Conditions of Economic Progress", Macmillan, London.

[25] Cruz, M. , 2007. "Globalization as Development Strategy: The Evidence of Developed Countries", Investigation Economica, 66 (259): 103.

[26] Dasgupta S. and Singh A. , 2005. "Will Services be the New Engine of Economic Growth inIndia?", Centre for Business Research, Working Paper No. 310.

[27] Davis, D. R. , 1997. "The Home Market, Trade, and Industrial, Structure", National Bureau of Economic Research, Cambridge.

[28] De Vincenti C. , 2007. "Baumol's Disease', Production

Externalities and Productivity Effects of Intersectoral Transfers", Metroeconomica, 58 (3): 396 -412.

[29] Dennis, B. N., and Iscan, T. B., 2009. "Engel versus Baumol: Accounting for Structural Change using Two Centuries of U. S. Data", Explorations in Economic History, 46: 186 -202.

[30] Dessy, S., Mbiekop, F., Pallage, S., 2010. "On the Mechanics of Trade - induced Structural Transformation", Journal of Macroeconomics, 32: 251 -264.

[31] Dodzin, S. and Vamvakidis, A., 2004. "Trade and Industrialization in Developing Economies", Journal of Development Economics, (75).

[32] Drucker, J., 2011. "Regional Industrial Structure Concentration in the United States: Trends and Implications", Economic Geography, 87: 421 -452.

[33] Dutta M., 2005. "China's Industrial Revolution: Challenges for a Macroeconomic Agenda", Journal of Asian Economics, 15: 1169 -1202.

[34] Dutta, M., 1996. "The New Industrial Revolution in Asian Economies: Has it Reached its Ceiling? Some Remarks", New Industrial Revolution, 7: 357 -364.

[35] Echevarria, C., 1997. "Changes in Sectoral Composition Associated with Economic Growth", International Economic Review,

38 (2): 431 -452.

[36] Edwards, T., Kuruvilla, S., 2005. "International HRM: National Business Systems, Organizational Politics and the International Division of Labour in MNCs", Int. J. of Human Resource Management, 16: 1 -21.

[37] Eichengreen, B., Hatase, M., 2005. "Can a Rapidly Growing Export - oriented Economy Exit Smoothly from a Currency Peg? Lessons from Japan's High - growth Era", Explorations in Economic History, 44: 501 -521.

[38] Eschenbach F. andHoekman B., 2006. "Services Policy Reform and Economic Growth in Transition Economies", Review of World Economic, 142 (4): 746 -764.

[39] Fagerberg, J., 2000. "Technological Progress, Structural Change and Productivity Growth: A Comparative Study", Structural Change and Economic Dynamics, 11 (4): 393 -411.

[40] Fagerberg, J., Verspagen, B., 2002. "Technology - gaps, Innovation - diffusion and Transformation: an Evolutionary Interpretation", Research Policy, 31: 1291 -1304.

[41] Fagerberg, J., Verspagen, B., 2003. "Innovation, Growth and Economic Development: Why Some Countries Succeed and Others don't", First GLOBELICS Conference: Innovation Systems and Development Strategies for the Third Millennium, Rio.

[42] Fan Shenggen, Zhang Xiaobo, Robinson, S., 2003. "Structural Change and Economic Growth in China", Review of Development Economics, 7: 360 −377.

[43] Fisher, A. G. B., 1933. "Capital and the Growth of Knowledge", Economic Journal, 43.

[44] Fisher, A. G. B., 1939. "Production, Primary, Secondary and Tertiary", The Economic Record, 15.

[45] Foellmi, R. and Zweimuller J., 2008. "Structural Change, Engell's Consumption Cycles and Kaldorl's Facts of Economic Growth", Journal of Monetary Economics, 55: 1317 −1328.

[46] Forbes, N., and Wield, D., 2002. "From Followers to Leaders: Managing Technology and Innovation in Newly Industrializing Countries", London: Routledge.

[47] Francois, J. F., 1990. "Producer Services, Scale, and the Division of Labor", Oxford Economic Papers, 42 (4): 715 −729.

[48] Franke, R., Kalmbach, P., 2005. "Structural Change in the Manufacturing Sector and its Impact on Business −related Services: an Input-output Study for Germany", Structural Change and Economic Dynamics, 16: 467 −488.

[49] Fuchs, V., 1968. "The Service Economy. National Bureau of Economic Research", New York.

[50] Gereffi, G., 1999. "International Trade and Industrial Up-

grading in the Apparel Commodity Chain", Journal of International Economics, 48: 37 -70.

[51] Gereffi, G., 2009. "Development Models and Industrial Upgrading in China and Mexico", European Sociological Review, 25: 37 -51.

[52] Gereffi, G., Humphrey, J., Sturgeon, T., 2005. "The Governance of Global Value Chains", Review of International Political Economy, 12: 78 -104.

[53] Gereffi, G., Memedovic, O., 2003. "The Global Apparel Value Chain: What Prospects for Upgrading by Developing Countries?", Strategic Research and Economics Branch, Vienna.

[54] Gibbon, P., 2001. "Upgrading Primary Production: A Global Commodity Chain Approach", World Development, 29: 345 -363.

[55] Giuliani, E., Pietrobelli, C., Rabellotti, R., 2005. "Upgrading in Global Value Chains: Lessons from Latin American Clusters", World Development, 33: 549 -573.

[56] Gollin, D., Parente, S. and Rogerson, R., 2002. "The Role of Agriculture in Development", American Economic Review (Papers and Proceedings), 92 (2): 160 -164.

[57] Groot, H. L. F., 1999. "Structural Change, Economic Growth and the Environmental Kuznets Curve a Theoretical Perspec-

tive", Research Memorandum, OCFEB Research Memorandum 9911, Environmental Policy, Economic Reform and Endogenous Technology's, Working Paper Series 1.

[58] Grossmann, V., 2011. "Structural Change, Urban Congestion, and the End of Growth", CESIFO, Working Paper, No. 3626.

[59] Gualerzi D., 1996. "Natural Dynamics, Endogenous Structural Change and the Theory of Demand: A Comment on Pasinetti", Structural Change and Economic Dynamics, 7: 147 − 162.

[60] Hanmer, L., 1995. "Modern Industrialization and Structural Change", ISS Working Paper Series, No. 184.

[61] Hartwig J., 2012. "Testing the Growth Effects of Structural Change", Structural Change and Economic Dynamics, 23 (1): 11 − 24.

[62] Havlik P., 2005. "Structural Change, Productivity and Employment in the New EU Member States", WIIW Research Reports, No. 313.

[63] Herrendorf, B., Rogerson, R., and Valentinyi A., 2009. "Two Perspectives on Preferences and Structural Transformation", NBER Working Paper, No. 15416.

[64] Herrerias, M. J., Orts, V., 2010. "Is the Export − led Growth Hypothesis Enough to Account for China's Growth?", China

& World Economy, 18: 34 -51.

[65] Horng, C., and Chen, W., 2008. "From Contract Manufacturing to Own Brand Management: The Role of Learning and Cultural Heritage Identity", Management and Organization Review, 4 (1): 109 -133.

[66] Hsu, C. W., and H. C. Chiang, 2001. "The Government Strategy for the Upgrading of Industrial Technology in Taiwan", Technovation, 21 (2): 123 -134.

[67] Huang Yiping, Wang Bijun, 2010. "Cost Distortions and Structural Imbalances in China", China & World Economy, 18: 1 -17.

[68] Huff, G., Angeles, L., 2011. "Globalization, Industrialization and Urbanization in Pre -World War II Southeast Asia", Explorations in Economic History, 48: 20 -36.

[69] Humphery, J., Schmitz, H., 2002. "How Does Insertion in Global Value Chains Affect Upgrading in Industrial Clusters?", Region Studies, 36: 1017 -1027.

[70] Humphrey, J., Schmitz, H., 2000. "Governance and Upgrading: Linking Industrial Cluster and Global Value Chain Research", IDS Working Paper, No. 120, 1 -37.

[71] Ivarsson, I., Alvstam, C. G., 2011. "Upgrading in Global Value -chains: A Case Study of Technology -learning among IKEA

-suppliers in China and Southeast Asia", Journal of Economic Geography, 4: 731 -752.

[72] Jacob, J., 2005. "Late Industrialization and Structural Change: Indonesia, 1975 -2000", Oxford Development Studies, 33: 427 -451.

[73] Jouini J., and Boutahar M., 2005. "Evidence on Structural Changes in U. S. Time Series", Economic Modelling, 22: 391 - 422.

[74] Kalmbach, P., and Franke, R., 2005. "Structural Change in the Manufacturing Sector and Its Impact on Business - Related Services: An Input - Output Study for Germany", Structural Change and Economic Dynamics, 16: 467 -488.

[75] Kander, A., 2004. "Baumol's Disease and Dematerialization of the Economy", Department of Economic History, Sweden.

[76] Kaplinsky, R., Readman, J., 2005. "Globalization and Upgrading: What can (and cannot) be Learnt from International Trade Statistics in the Wood Forniture Sector?", Industrial and Corporate Change, 4: 679 -703.

[77] Kapur, B. K., 2012. "Progressive Services, Asymptotically Stagnant Services, and Manufacturing: Growth and Structural Change", Journal of Economic Dynamics and Control, 36: 1322 - 1339.

[78] Kei-Mu Yi, Zhang Jing, 2011. "Structural Change in an Open Economy", Research Department Staff Report, No. 456.

[79] Khoury A. C., and Savvides A., 2006. "Openness in Services Trade and Economic Growth", Economics Letters, 92: 277-283.

[80] Kim Sung-Young, 2012. "The Politics of Technological Upgrading in South Korea: How Government and Business Challenged the Might of Qualcomm", New Political Economy, 3: 293-312.

[81] Kleibl, J., 2012. "Tertiarization, Industrial Adjustment, and the Domestic Politics of Foreign Aid", International Studies Quarterly, 1-14.

[82] Klodt, H., 2000. "Structural Change towards Services: The German Experience", University of Birmingham IGS Discussion Paper, 7.

[83] Koichi Ogawa, Junjiro Shintaku, Tetsuo Yoshimoto, 2005. "Architecture-based Advantage of Firms and Nations: New Global Alliance between Japan and Catch-up Countries", MMRC Discussion Paper, No. 48, University of Tokyo.

[84] Kongsamut, P., Rebelo, S. and Xie, D., 2001. "Beyond Balanced Growth", Review of Economic Studies, 68 (4): 869-882.

[85] Kravis, I. B., A. W., Heston, and R., Summers,

1983. "The Share of Services in Economic Growth", In Global Economics: Essays in Honor of Lawrence R. Klein, ed. F. Gerard Adams and Bert G. Hickman, 188 - 218. Cambridge, MA, and London: MIT Press.

[86] Kuznets, S., 1966. "Modern Economic Growth: Rate, Structure and Spread", New Haven and London: Yale University Press.

[87] Labini, P. S., 1995. "Why the Interpretation of the Cobb - Douglas Production Function must be Radically Changed", Structural Change and Economic Dynamics, 6: 485 -504.

[88] Laitner, J., 2000. "Structural Change and Economic Growth", Review of Economic Studies, 67 (3): 545 -561.

[89] Lemoine, F., 2010. "Past Successes and New Challenges: China's Foreign Trade at a Turning Point", China & World Economy, 18: 1 -23.

[90] Li Ke, 2007. "Transaction Cost, Corporate Governance and Division of Labor—A General Equilibrium Analysis of Professional Managers and its Implication to China's Practice", Research in International Business and Finance, 21: 447 -468.

[91] Li Li, Dunford, M., and Yeung, G., 2012. "International Trade and Industrial Dynamics: Geographical and Structural Dimensions of Chinese and Sino - EU Merchandise Trade", Applied Geography, 32: 130 -142.

[92] Lin, J. Y. and Xu V. Z., 2009. "The Hump – Shaped Structural Change", Working Paper, http：//space. uibe. edu. cn/u1/venite/my%20web/hump – shaped. pdf.

[93] Maddison, A., 1980. "Economic Growth and Structural Change in the Advanced Countries", in Western Economies in Transition: Structural Change and Adjustment Policies in Industrial Countries, Eds. : Leveson I., and W. Wheeler, London: Croom Helm.

[94] Maroto – Sanchez A., and Cuadrado – Roura J. R., 2009. "Is Growth of Services an Obstacle to Productivity Growth? A Comparative Analysis", Structural Change and Economic Dynamics, 20: 254 −265.

[95] Matsuyama K., 2000. "A Ricardian Model with a Continuum of Goods under Nonhomothetic Preferences: Demand Complementarities, Income Distribution, and North – South Trade", Journal of Political Economy, 108 (6): 1093 −1120.

[96] Matsuyama, K., 2002. "The Rise of Mass Consumption Societies", Journal of Political Economy, 110 (5): 1035 −1070.

[97] Maudos J., Pastor J. M., and Serrano L., 2008. "Explaining the US – EU Productivity Growth Gap: Structural Change vs. Intra – sectoral Effect", Economics Letters, 100 (2): 311 −313.

[98] Mckay, H., and Song Ligang, 2010. "China as a Global Manufacturing Powerhouse: Strategic Considerations and Structural Ad-

justment", China & World Economy, 18: 1 -32.

[99] McSweeney, B., 2003. "Is 'National Culture' A Myth?", Royal Holloway University of London.

[100] Melchor E., and Genaro D., 2010. "The Impact of the Tertiarization Process in Spanish Economic Growth from a Regional Perspective", The Service Industries Journal, 30 (3): 359 -374.

[101] Milberg, W. and Winkler, D., 2011. "Economic and Social Upgrading in Global Production Networks: Problems of Theory and Measurement", International Labour Review, 150: 341 -365.

[102] Miozzo, M., Dewick, P., and Green, K., 2005. "Globalisation and the Environment: the Long -term Effects of Technology on the International Division of Labour and Energy Demand", Futures, 37: 521 -546.

[103] Montobbio, F., 2002. "An Evolutionary Model of Industrial Growth and Structural Change", Structural Change and Economic Dynamics, 13: 387 -414.

[104] Navas -Aleman, L., 2010. "The Impact of Operating in Multiple Value Chains for Upgrading: The Case of the Brazilian Furniture and Footwear Industries", World Development, 39: 1386 -1397.

[105] Ngai, L. and Pissarides, C., 2007. "Structural Change in a Multi -Sector Model of Growth", American Economic Review,

97 (1): 429 -443.

[106] Noland M., Park D., and Estrada G. B., 2012. "Developing the Service Sector as Engine of Growth for Asia: An Overview", ADB Economics Working Paper Series, No. 320.

[107] Nordhaus W. D., 2008. "Baumol's Diseases: A Macroeconomic Perspective", NBER Working Paper.

[108] Oulton N., 2001. "Must the Growth Rate Decline? Baumol's Unbalanced Growth Revisited", Oxford Economic Papers, 53 (4): 605 -627.

[109] Parrinello, S., 2004. "The Service Economy Revisited", Structural Change and Economic Dynamics, 15: 381 -400.

[110] Peneder M., 2003. "Industrial Structure and Aggregate Growth", Structural Change and Economic Dynamics, 14 (4): 427 -448.

[111] Peri, G., 2002. "Globalization, Rigidities and National Specialization: A Dynamic Analysis", Structural Change and Economic Dynamics, 13: 151 -177.

[112] Peters, G., 2001. "Colin Clark (1905 -1989) Economist and Agricultural Economist", QEH Working Paper Series, No. 69.

[113] Pietrobelli, C., and Rabellotti, R., 2010. "Global Value Chains Meet Innovation Systems: Are There Learning Opportunities for Developing Countries?", World Development, 39: 1261 -1269.

[114] Pipkin, S., 2011. "Local Means in Value Chain Ends: Dynamics of Product and Social Upgrading in Apparel Manufacturing in Guatemala and Colombia", World Development, 39: 2119 −2131.

[115] Pollard, S., 1990. "Typology of Industrialization Process in the Nineteenth Century", Harwood Academic Publishers.

[116] Poon, T. S. C., 2004. "Beyond the Global Production Networks: A Case of Further Upgrading of Taiwan's Information Technology Industry", Technology and Globalisation, 1 (1): 130 −144.

[117] Pugno M., 2006. "The Service Paradox and Endogenous Economic Growth", Structural Change and Economic Dynamics, 17 (1): 99 −115.

[118] Punzo, L. F., 2006. "Towards a Disequilibrium Theory of Structural Dynamics Goodwin's Contribution", Structural Change and Economic Dynamics, 17: 382 −399.

[119] Reati, A., 1998. "Technological Revolutions in Pasinetti's Model of Structural Change: Productivity and Prices", Structural Change and Economic Dynamics, 9: 245 −262.

[120] Redding, S., 2002. "Specialization Dynamics", Journal of International Economics, 58: 299 −334.

[121] Rodriguez − Clare, A., 1996. "The Division of Labor and Economic Development", Journal of Development Economics,

49: 3 -32.

[122] Rowthorn, R. and Ramaswamy, R., 1999, "Growth, Trade and Deindustrialization". IMF Staff Papers, 46 (1): 18 -41.

[123] Sachs, J., Xiaokai Yang and Dingsheng Zhang, 2000. "Globalization, Dual Economy, and Economic Development", China Economic Review, 11: 189 -209.

[124] Sakamoto H., 2011. "Provincial Economic Growth and Industrial Structure in China: An Index Approach", The International Centre for the Study of East Asian Development, Working Paper Series Vol. 2011.

[125] Sano, K., and Tomoda, Y., 2010. "Optimal Public Education Policy in a Two Sector Model", Economic Modelling, 27: 991 -995.

[126] Sasaki H., 2007. "The Rise of Service Employment and its Impact on Aggregate Productivity Growth", Structural Change and Economic Dynamic, 18 (4): 438 -459.

[127] Sasaki H., 2012. "Endogenous Phase Switch in Baumol's Service Paradox Model", Structural Change and Economic Dynamics, 23 (1): 25 -35.

[128] Schettkat, R., 2004. "Demand Patterns and Employment Structures: An Aggregate Analysis", DEMPATEM, Working Paper No. 11.

[129] Sichel, D. E., 1997. "The Productivity Slowdown: Is a Growing Unmeasurable Sector the Culprit?", The Review of Economics and Statistics, 79: 367 -370.

[130] Simona, G. L., and Axele, G., 2011. "Knowledge Transfer from TNCs and Upgrading of Domestic Firms: The Polish Automotive Sector", World Development, 40: 796 -807.

[131] Singelmann J., 1978. "From Agriculture to Services: The Transformation of Industrial Employment", Sage Publications.

[132] Singh T., 2010. "Services Sector and Economic Growth in India", Applied Economics, 42: 3925 -3941.

[133] Soubbotina, T. P., 2004. "Beyond Economic Growth: An Introduction to Sustainable Development", World Bank, Washington, D. C.

[134] Spilimbergo A., 1998. "Deindustrialization and Trade", Review of International Economics, 6 (3): 450 -460.

[135] Stijepic, D. and Wagner, H., 2012. "Kuznets -Kaldor - puzzle, Neutral Structural Change and Independent Preferences and Technologies", http: //ssrn. com/abstract =2020291.

[136] Szirmai, A., 2011. "Industrialisation as an Engine of Growth in Developing Countries, 1950 -2005", Structural Change and Economic Dynamics, (article in press).

[137] Takashi Negishi, 2000. "Adam Smith's Division of Labor

and Structural Changes", Structural Change and Economic Dynamics, 11: 5 −11.

［138］Thirlwall, A. P. , 1979. "The Balance of Payments Constraint as an Explanation of International Growth Rate Differences", Banca Nazionale del Lavoro Quarterly Review, 1979, 32: 45 −53.

［139］Tikhomirova, G. , 1997. "Analysing Changes in Industry Structure", CSES Working Paper, No. 11. Victoria University, Melbourne.

［140］Timmer, M. P. , and Szirmai, A. , 2000. "Productivity Growth in Asian Manufacturing: the Structural Bonus Hypothesis Examined", Structural Change and Economic Dynamics, 11: 371 −392.

［141］Timmer, M. P. , and Vries, G. J. , 2009. "Structural Change and Growth Accelerations in Asia and Latin America: a New Sectoral Data Set", Cliometrica, 3: 165 −190.

［142］Tokatli, N. , and Kizilgun, A. , 2004. "Upgrading in the Global Clothing Industry: Mavi Jeans and the Transformation of a Turkish Firm from Full −Package to Brand −Name Manufacturing and Retailing", Economic Geography, 80 (3): 221 −240.

［143］Tomassini, L. , 2001. "Industrialization, Trade and the International Division of Labor", Journal of International Affairs, 22: 137 −152.

［144］Trindade, V. , 2005. "The Big Push, Industrialization

and International Trade: The Role of Export", Journal of Development Economics, 78: 22 -48.

[145] van Zon, A., Muysken, J., 2005. "Health as a Principal Determinant of Economic Growth", In: Lopez - Casanovas, G., Rivera, B., Currais, L. (Eds.). "Health and Economic Growth: Findings and Policy Implications", MIT Press, Cambridge, MA, 40 -65.

[146] Veneziani, R., and Mohun, S., 2006. "Structural Stability and Goodwin's Growth Cycle", Structural Change and Economic Dynamics, 17: 437 -451.

[147] Wacziarg, R., and Wallack, J. S., 2004. "Trade Liberation and Intersectoral Labor Movements", Journal of International Economics, 64: 411 -439.

[148] WangJiann - Chyuan, 2010. "The Strategies Adopted by Taiwan in Response to the Global Financial Crisis, and Taiwan's Role in Asia - Pacific Economic Integration", Japan and the World Economy, 22: 254 -263.

[149] Wong Hock Tsen, 2010. "Exports, Domestic Demand, and Economic Growth in China: Granger Causality Analysis", Review of Development Economics, 14 (3): 625 -639.

[150] Wood, A., 2001. "Value Chains: An Economist's Perspective", IDS Bulletin, 32: 41 -45.

[151] Yanikkaya, H., 2003, "Trade Openness and Economic

Growth: A Cross - country Empirical Investigation", Journal of Development Economics, 72 (1): 57 -89.

[152] 陈佳贵, 黄群慧. 我国实现工业现代化了吗——对15个重点工业行业现代化水平的分析与评价 [J]. 中国工业经济, 2009 (4).

[153] 陈诗一. 中国工业分行业统计数据估算: 1980—2008 [J]. 经济学 (季刊), 2011 (3).

[154] 陈体标. 技术增长率的部门差异和经济增长率的"驼峰形"变化 [J]. 经济研究, 2008 (11).

[155] 陈体标. 经济结构变化和经济增长 [J]. 经济学 (季刊), 2007 (4).

[156] 陈宪. 发展服务业=抛弃制造业? [N]. 首都建设报, 2011 -7 -11 (005).

[157] 陈晓光, 龚六堂. 经济结构变化与经济增长 [J]. 经济学 (季刊), 2005 (2).

[158] 陈英. 后工业经济: 产业结构变迁与经济运行特征 [M]. 天津: 南开大学出版社, 2005.

[159] 陈仲常. 产业经济理论与实证分析 [M]. 重庆: 重庆大学出版社, 2005.

[160] 程大中. 中国服务业与经济增长: 一般均衡模型及其经验研究 [J]. 世界经济, 2010 (10).

[161] 程大中. 中国服务业增长的特点、原因及影响——鲍

莫尔－富克斯假说及其经验研究［J］．中国社会科学，2004（2）．

［162］程大中．中国经济正在趋向服务化吗？——基于服务业产出、就业、消费和贸易的统计分析［J］．统计研究，2008（9）．

［163］丹尼尔·贝尔．后工业社会的来临［M］．北京：新华出版社，1997．

［164］邓伟根．产业转型：经验、问题与策略［M］．北京：经济管理出版社，2006．

［165］方甲．产业结构问题研究［M］．北京：中国人民大学出版社，1997．

［166］弗雷德·布洛克．后工业的可能性——经济学话语批判［M］．北京：商务印书馆，2010．

［167］高传胜，汪德华，李善同．经济服务化的世界趋势与中国悖论：基于WDI数据的现代实证研究［J］．财贸经济，2008（3）．

［168］龚仰军．产业结构研究［M］．上海：上海财经大学出版社，2002．

［169］古惠冬．中国的对外经贸关系与工业化的发展［J］．改革与战略，2004（12）．

［170］顾乃华，夏杰长．生产性服务业崛起背景下鲍莫尔—富克斯假说的再检验——基于中国236个样本城市面板数据的实

证分析 [J]. 财贸研究, 2010 (6).

[171] 郭克莎, 王延中. 中国产业结构变动趋势及政策研究 [M]. 北京: 经济管理出版社, 1999.

[172] 郭克莎. 第三产业的结构优化与高效发展（上）[J]. 财贸经济, 2000 (10).

[173] 郭克莎. 第三产业的结构优化与高效发展（下）[J]. 财贸经济, 2000 (11).

[174] 郭克莎. 总量问题还是结构问题？——产业结构偏差对我国经济增长的制约及调整思路 [J]. 经济研究, 1999 (9).

[175] 胡超, 张捷. "服务—制造"新形态国际分工的演进及可持续性分析 [J]. 广东商学院学报, 2010 (2).

[176] 黄少军. 服务业与经济增长 [M]. 北京: 经济科学出版社, 2000.

[177] 纪明, 梁东黎. 后工业化时代经济大国低经济增长率之谜: 结构变迁视角 [J]. 经济管理, 2011 (3).

[178] 简新华, 杨艳琳. 产业经济学 [M]. 武汉: 武汉大学出版社, 2009.

[179] 简新华, 余江. 中国工业化与新型工业化道路 [M]. 济南: 山东人民出版社, 2009.

[180] 简新华. 产业经济学 [M]. 武汉: 武汉大学出版社, 2001.

[181] 江静, 刘志彪, 于明超. 生产者服务业发展与制造业

效率提升：基于地区和行业面板数据的经验分析［J］．世界经济，2007（8）．

［182］江小涓，李辉．服务业与中国经济：相关性和加快增长的潜力［J］．经济研究，2004（1）．

［183］江小涓．服务全球化的发展趋势和理论分析［J］．经济研究，2008（2）．

［184］江小涓．服务业增长：真实含义、多重影响和发展趋势［J］．经济研究，2011（4）．

［185］金碚，吕铁，邓洲．中国工业结构转型升级：进展、问题与趋势［J］．中国工业经济，2011（2）．

［186］金碚，吕铁，李晓华．关于产业结构调整几个问题的探讨［J］．经济学动态，2010（8）．

［187］金碚．"十二五"开局之年的中国工业［J］．中国工业经济，2012（7）．

［188］金碚．产业转移，结构升级的积极动向［N］．人民日报，2013－1－14（19）．

［189］金碚．国际金融危机下的中国工业［J］．中国工业经济，2010（7）．

［190］金碚．中国工业的转型升级［J］．中国工业经济，2011（7）．

［191］金芳．中国国际分工地位的变化、内在矛盾及其走向［J］．世界经济研究，2008（5）．

[192] 阚大学. 我国贸易结构与就业结构的动态关系研究 [J]. 国际贸易问题, 2010 (10).

[193] 康志勇. 全球代工体系下我国地方产业集群升级研究——基于 GVC 与 NVC 的比较视角 [J]. 科学学与科学技术管理, 2009, (10).

[194] 李江帆. 中国第三产业的战略地位与发展方向 [J]. 财贸经济, 2004 (1).

[195] 李欣广等. 国际产业转移与中国工业化新路 [M]. 北京: 中国时代经济出版社, 2007.

[196] 李勇坚, 夏杰长. 我国经济服务化的演变与判断——基于相关国际经验的分析 [J]. 财贸经济, 2009 (11).

[197] 林毅夫. 发展战略、自生能力和经济收敛 [J]. 经济学 (季刊), 2002 (1).

[198] 刘志彪, 安同良. 现代产业经济分析 [M]. 南京: 南京大学出版社, 2009.

[199] 刘志彪, 张杰. 从融入全球价值链到构建国家价值链: 中国产业升级的战略思考 [J]. 学术月刊, 2009, (9).

[200] 刘志彪. 全球化背景下中国制造业升级的路径与品牌战略 [J]. 财经问题研究, 2005, (5).

[201] 刘志彪. 重构国家价值链: 转变中国制造业发展方式的思考 [J]. 世界经济与政治论坛, 2011, (4).

[202] 卢锋. 产品内国际分工 [J]. 经济学 (季刊), 2004,

4（1）．

[203] 卢中原．世界产业结构变动趋势和我国的战略抉择[M]．北京：人民出版社，2009．

[204] 吕健．产业结构调整、结构性减速与经济增长分化[J]．中国工业经济，2012（9）．

[205] 罗伯特·海尔布罗纳．现代化理论研究[M]．北京：华夏出版社，1989．

[206] 罗长远．卡尔多"特征事实"再思考：对劳动收入占比的分析[J]．世界经济，2008（1）．

[207] 马颖，余官胜．对外开放与经济发展关系研究新进展[J]．经济学动态，2010（4）．

[208] 马云泽．产业结构软化理论研究[M]．北京：中国财政经济出版社，2006．

[209] 毛蕴诗，吴瑶．中国企业：转型升级[M]．广州：中山大学出版社，2009．

[210] 裴长洪，彭磊．加工贸易转型升级："十一五"时期我国外贸发展的重要课题[J]．宏观经济研究，2006（1）．

[211] 钱纳里 H，鲁宾逊 S，赛尔奎因 M．工业化和经济增长的比较研究[M]．吴奇，王松宝等译．上海：上海三联书店，1989．

[212] 任佳．印度工业化进程中产业结构的演变——印度发展模式初探[M]．北京：商务印书馆，2007．

［213］史忠良．产业经济学［M］．北京：经济管理出版社，2005．

［214］世界银行．1987年世界发展报告［M］．北京：中国财政经济出版社，1987．

［215］苏东水．产业经济学［M］．北京：高等教育出版社，2010．

［216］谭洪波，郑江淮．中国经济高速增长与服务业滞后并存之谜——基于部门全要素生产率的研究［J］．中国工业经济，2012（9）．

［217］唐晓华．现代产业经济学导论［M］．北京：经济管理出版社，2011．

［218］涂正革，肖耿．中国工业增长模式的转变——大中型企业劳动生产率的非参数生产前沿动态分析［J］．管理世界，2006（10）．

［219］威廉·配第．政治算术［M］．陈冬野，译．北京：商务印书馆，1978．

［220］巫强，刘志彪．本土装备制造业市场空间障碍分析——基于下游行业全球价值链的视角［J］．中国工业经济，2012（3）．

［221］肖文，樊文静．中国服务业发展悖论——基于"两波"发展模式的研究［J］．经济学家，2012（7）．

［222］徐朝阳．工业化与后工业化：倒"U"形产业结构变

迁［J］. 世界经济，2010（12）.

［223］许宪春. 90年代我国服务业发展相对滞后的原因分析［J］. 管理世界，2000（6）.

［224］许宪春. 中国服务业核算及其存在的问题研究［J］. 经济研究，2004（3）.

［225］杨公朴，夏大慰. 现代产业经济学［M］. 上海：上海财经大学出版社，2005.

［226］杨桂菊. 代工企业转型升级：演进路径的理论模型——基于3家本土企业的案例研究［J］. 管理世界，2010，(6).

［227］杨治. 产业经济学导论［M］. 北京：中国人民大学出版社，1985.

［228］伊诺泽姆采夫. 后工业社会与可持续发展问题研究［M］. 北京：中国人民大学出版社，2004.

［229］袁富华. 长期增长过程的"结构性加速"与"结构性减速"：一种解释［J］. 经济研究，2012（3）.

［230］臧旭恒，徐向艺，杨蕙馨. 产业经济学［M］. 北京：经济科学出版社，2002.

［231］张捷，周雷. 国际分工对产业结构演进的影响及其对中国的启示——基于新兴工业化国家跨国面板数据的经验分析［J］. 国际贸易问题，2012（1）.

［232］张捷. 产品构造、文化禀赋与分工组织——水平分工

格局下贸易的形成机制初探 [J]. 新政治经济学评论, 2007 (3).

[233] 张月友, 刘志彪. 替代弹性、劳动力流动与我国服务业"天花板效应"——基于非均衡增长模型的分析 [J]. 财贸经济, 2012 (3).

[234] 赵永亮, 张捷. 工业与服务业非均衡发展研究——服务业会走向 Baumol 陷阱吗? [J]. 财贸经济, 2011 (6).

[235] 郑江淮, 于春晖. 以服务业发展带动经济结构调整 [N]. 人民日报, 2011-1-21 (007).

[236] 中国社会科学院工业经济研究所. 国际金融危机冲击下中国工业的反应 [J]. 中国工业经济, 2009 (4).

[237] 中国社会科学院工业经济研究所工业运行课题组. 2011 年中国工业经济运行形势展望 [J]. 中国工业经济, 2011 (3).

[238] 杨晨, 原小能. 中国生产性服务业增长的动力源泉——基于动能解构视角的研究 [J]. 财贸经济, 2019, 40 (05).

[239] 李平, 付一夫, 张艳芳. 生产性服务业能成为中国经济高质量增长新动能吗 [J]. 中国工业经济, 2017 (12).

[240] 沈坤荣, 滕永乐. "结构性"减速下的中国经济增长 [J]. 经济学家, 2013 (8).

[241] 贺翔. 我国长期经济增长将面临减速风险 [J]. 经济研究参考, 2014 (48).

[242] 杨天宇, 曹志楠. 中国经济增长速度放缓的原因是

"结构性减速"吗?[J].中国人民大学学报,2015,29(04).

[243] 陆明涛,袁富华,张平.经济增长的结构性冲击与增长效率:国际比较的启示[J].世界经济,2016,39(01).

[244] 蔡昉.认识中国经济减速的供给侧视角[J].经济学动态,2016(04).

[245] 陶新宇,靳涛,杨伊婧."东亚模式"的启迪与中国经济增长"结构之谜"的揭示[J].经济研究,2017,52(11).

[246] 中国经济增长减速成因与对策圆桌讨论会[J].学习与探索,2018(04).

[247] 黄卓,李新平.经济服务业化引致的经济增长结构性减速及应对研究[J].湖南社会科学,2018(03).

[248] 林毅夫,田国强.中国经济增长减速成因与对策(笔谈之一)[J/OL].学习与探索:1-15[2019-08-04].http://kns.cnki.net/kcms/detail/23.1049.c.20180416.1651.002.html.

[249] 王勇,卢锋.中国经济增长减速成因与对策(笔谈之二)[J].学习与探索,2018(10).